Corpo-gerúndio
Escritos de uma atriz-MC em uma poética do prejuízo

Corpo-gerúndio

Escritos de uma atriz-mc em uma poética do prejuízo

© Luaa Gabanini, 2024
© n-1 edições, 2024
ISBN 978-65-6119-019-0

Embora adote a maioria dos usos editoriais do âmbito brasileiro, a n-1 edições não segue necessariamente as convenções das instituições normativas, pois considera a edição um trabalho de criação que deve interagir com a pluralidade de linguagens e a especificidade de cada obra publicada.

COORDENAÇÃO EDITORIAL Peter Pál Pelbart e Ricardo Muniz Fernandes
DIREÇÃO DE ARTE Ricardo Muniz Fernandes
GESTÃO EDITORIAL Gabriel de Godoy
ASSISTÊNCIA EDITORIAL Inês Mendonça
PREPARAÇÃO Graziela Marcolin
REVISÃO Flavio Taam
EDIÇÃO EM LaTeX Paulo Henrique Pompermaier e Julia Murachovsky
PRODUÇÃO EDITORIAL Andressa Cerqueira
FOTO DE CAPA Azul Serra
FOTOS DO MIOLO Tatiana Lohmann
CAPA E PROJETO GRÁFICO Rodrigo Araujo

A reprodução parcial deste livro sem fins lucrativos, para uso privado ou coletivo, em qualquer meio impresso ou eletrônico, está autorizada, desde que citada a fonte. Se for necessária a reprodução na íntegra, solicita-se entrar em contato com os editores.

1ª edição | Agosto, 2024

n-1edicoes.org

Corpo-gerúndio
Escritos de uma atriz-MC em uma poética do prejuízo

Luaa Gabanini

Sumário

Prefácio — 9
Prólogo: Impulsos de um olhar — 14
Po-ética do depoimento — 20
Badernas: poética do prejuízo — 60
O *corpo*-gerúndio: cartografia de uma experiência — 104
Conclusões — 148
Depoimentos ou epílogo — 158
Anexo — 169
Agradecimentos — 183

para todas ELAS

Prefácio

CIBELE FORJAZ

O livro *Corpo gerúndio* da atriz, coreógrafa e pedagoga Luciana Gabanini – ou simplesmente a MULHER DE TEATRO Luaa – é bem mais do que uma dissertação de mestrado genial, mais do que um livro de história do teatro contemporâneo ou mesmo de Teatro Épico Brasileiro ou de Teatro Político e política teatral, está para além de um relato sobre o Movimento de Teatro de Grupo da Cidade de São Paulo, desde a virada do século XXI até agora... e, ao mesmo tempo, é ISSO TUDO e "SOBRE ISSO". *Corpo gerúndio* travessa todos esses temas EM ATO, para tornar-se um LIVRO INTERVENÇÃO.

Por quê um LIVRO INTERVENÇÃO? Ou melhor, o que seria, será ou é-sendo, um LIVRO-INTERVENÇÃO?

É um livro com CORPO EM AÇÃO, que vai fazendo teoria no gerúndio, refletindo sobre a prática teatral da atriz-MC, enquanto vemos o seu corpo dançar em fotos que acompanham todo o livro, como um FLIP-BOOK.

Esse LIVRO INTERVENÇÃO assume o risco de não ter nenhuma ideia pronta pra provar, de não saber onde vai dar quando começa e tem a coragem de saltar no abismo do pensamento para realizar "ao vivo", ou seja, durante o seu próprio percurso, um movimento de reviravolta (ou seria cambalhota) sobre si mesmo(a): parte de narrativas de experiência, recolhe dentro delas algumas palavras que sintetizam ideias fundamentais, joga essas palavras-ideias para dentro do seu corpo-imagem que dança em preto e branco na margem direita de cada página, faz as palavras chacoalharem, mudarem de lugar, contexto, ponto de vista, para tornarem-se, só então, PALAVRAS-CONCEITO em ação, que são-sendo, pensam-pensando, agem-agindo. O tal gerúndio do título. Um processo completamente performático de pensar-escrever.

Luaa parte de depoimentos sobre experiências vividas nos primeiros anos do emblemático [e AMADO] grupo de teatro NÚCLEO BARTOLOMEU DE DEPOIMENTOS, quando os processos de pesquisa, ativismo político e intervenção urbana levaram à necessidade de uma comunicação direta com a plateia e em conexão com OUTRO PÚBLICO, em geral alijado dos teatros e, como consequência, à invenção de uma LINGUAGEM própria, depois chamada pelo próprio grupo de TEATRO HIP HOP.

É um livro que põe em movimento a(o)s leitora(o)s, primeiro para ouvir narrativas deliciosamente sintéticas sobre os processos de criação e espetáculos do NÚCLEO BARTOLOMEU DE DEPOIMENTOS, perfeitas para imaginar e/ou lembrar, para só então, muito bem guiada(o)s por Luaa, refletir sobre os percursos trilhados e possíveis caminhos a seguir, até esse *lugar-tempo*, de um teatro político performático do e no século XXI.

O importante, no caso, não é a conclusão, ou mesmo as conclusões, nem a teoria pela teoria, mas o processo que atravessamos ao ler-pensar, enquanto acompanhamos Luaa pensar-agindo e agir-pensando. E esse movimento dela, movimenta a nossa própria reflexão sobre o mundo de hoje e seu fluxo-contínuo. Ou seja, é um LIVRO INTERVENÇÃO, porque apesar das palavras estarem fixadas no papel, são e causam MOVIMENTO. O livro não está fechado e acabado, porque mobiliza a nossa reflexão ativa para além dele mesmo.

Assim sendo, além de ser um LIVRO sobre um grupo importante das artes da cena do seu tempo, *Corpo gerúndio* reflete sobre as mudanças que o teatro teve e tem de fazer para não ficar velho e anacrônico, no mundo digital e VIRTUAL, enquanto nos REMEMORA que para além ou aquém do bem e do mal das questões da sobrevivência na selva do mercado do entretenimento, ainda é fundamental lutar no campo da estética, da ética e da política, para que o TEATRO não perca de vez a conexão com a COMUNIDADE, em prol do BEM COMUM das SOCIEDADES HUMANAS e – assumindo a nossa responsabilidade pela destruição de tudo em que o "Humano" toca – também das sociedades EXTRA-HUMANAS. Hoje, a cultura que não quer ser mercadoria precisa lutar por um mundo que não seja um "Super" Mercado Global, senão, não haverá saída de EMERGÊNCIA para ninguém. E Luaa nos dá força, ferramentas e procedimentos para essa luta no campo das Artes Cênicas, que às vezes parece quase quixotesca, mas que atravessa diariamente as nossas consciências.

Nesses VELHOS "NOVOS" TEMPOS, em que a Inteligência Artificial mira o futuro copiando a ficção científica do século passado, como num *Filme Catástrofe* nos vimos isolada(o)s e presa(o)s dentro das telas por dois anos. Agora, parece que a ameaça do FIM DO MUNDO só serviu para nos empurrar de vez para dentro da existência virtual, de modo que sempre que olho em perspectiva, penso que precisamos ter muito cuidado para não virarmos a menininha do filme "*Potergeist*", abduzida para dentro da TV. Diante da sedução do mundo dentro do espelho, Luaa recorda PORQUÊ as ARTES DA PRESENÇA são fundamentais para a REEXISTÊNCIA de uma vida em três dimensões, que (ainda) somos feita(o)s de carne, sangue, ossos e movimento e que o ENCONTRO É parte fundamental da POLÍTICA.

O LIVRO INTERVENÇÃO *Corpo gerúndio* tem uma estrutura de peça clássica: um PRÓLOGO, três ATOS e um EPÍLOGO.

O PRÓLOGO explicita os impulsos de um olhar específico, em um lugar e um tempo determinados, ou seja, estabelece as regras do jogo e define quem fala e em que contexto.

O primeiro ATO – PO-ÉTICA DO DEPOIMENTO narra os inícios do NÚCLEO BARTOLOMEU DE DEPOImentos: a peça *Bartolomeu, o que será que nele deu?* (texto de Claudia Schapira, em livre recriação de *Bartebly*, de Herman Melville, 2000), a intervenção urbana *Urgência nas ruas* (2002) e a peça *Acordei que sonhava* (livre recriação de Claudia Schapira, de *A vida é sonho* de Calderón de La Barca, 2003). É a partir de estudos de caso com uma mirada reflexiva, que Luaa destrincha o surgimento da Poética do Depoimento, como procedimento de criação específica do grupo e que leva à concepção dos fundamentos de sua linguagem cênica, com a tradução dos 4 elementos da cultura Hip Hop para o Brasil e seu contexto, inventando uma forma específica de Teatro Épico, o teatro hip hop.

No segundo ato – badernas: poética do prejuízo, a escritora-mc conta como, no auge da luta do núcleo bartolomeu de depoimentos contra a especulação imobiliária que pretendia desapropriar seu território artístico, Luaa torna-se o duplo de "Marieta Baderna", dançarina e mestre de cerimônia, para inventar a partir da narrativa do despejo, uma poética do prejuízo, encenando a experiência da destruição que está por vir. Nesse caso, o próprio contexto da desocupação iminente transforma a precariedade em matéria poética. Aquilo que naquele momento se apresenta como fato – a desapropriação à força sempre *é o que é*, com toda a violência do Capital – vira uma maneira de atravessar a peça com o corpo em estado de urgência, para dançar a brutalidade, improvisar sobre a selvageria e quebrar em cena as paredes do seu próprio teatro, para transformar raiva em luta.

No terceiro ato – o corpo gerúndio: cartografia de uma experiência, oito palavras que foram escolhidas durante as narrativas dos capítulos anteriores e postas para dançar com o corpo imagem de Luaa, voltam ao texto principal para serem contextualizadas, transformando-se em palavras--conceito. Importante notar que o que eu chamo aqui de palavras-conceito não são explicações, como num verbete de um dicionário de termos teatrais, fechando o assunto com uma conclusão ou significado fixo, mas ao contrário, funcionam como trampolim para a reflexão, uma espécie de cambalhota conceitual ou giro performativo, em que a história do NÚCLEO BARTOLOMEU DE DEPOIMENTOS relaciona-se de forma ampla com os estudos da performance, gerando uma teoria do CORPO GERÚNDIO. Aqui completa-se o processo pretendido pela autora de uma fala dançada, que reflete sobre a arte performativa, performando reflexão.

No EPÍLOGO, Luaa chama a presença e as palavras de suas companheiras de travessia: Claudia Schapira, Roberta Estrela D'Alva e Eugênio Lima. Para nos lembrar que só com muito afeto, um Grupo de Teatro consegue atravessar 24 anos de luta conjunta com coerência.

Mas como se trata de um estudo de escrita ÉPICA, ao invés de uma ideia levar à outra em um caminho de reflexão coerente e coeso, o percurso tem interrupções documentais que separam as partes e remetem cada pedaço da obra ao fluxo dos tempos, seus gritos e manifestos: ARTE CONTRA A BARBÁRIE (2000); ARTE PELA BARBÁRIE (2008); ARTE DE SEDIAR EXISTÊNCIA – Manifesto em Defesa do Território Artístico-Cultural, por ocasião do despejo do NÚCLEO BARTOLOMEU DE DEPOIMENTOS de sua sede (2014); ENQUANTO HOUVER RACISMO, NÃO HAVERÁ DEMOCRACIA (documento da Coalizão Negra, 3 de fevereiro e Legítima defesa de 2020) e PRIMAVERA INDÍGENA - mobilização permanente pela vida e pela democracia (2021). Partindo do MOVIMENTO DE TEATRO DE GRUPO, que floresce na cidade de São Paulo no início dos anos 2000, Luaa transcende o teatro para chegar aos manifestos *Contracoloniais*, que viram a política de ponta cabeça. Sampleando memórias Luaa faz uma reflexão sobre a História do Teatro Brasileiro, dançando conceitos, ela faz uma teoria do teatro contemporâneo, cheia de afeto. No final, podemos dizer que atravessamos junto com Luaa um período único da história da Cultura Brasileira.

O mundo nunca mais será o mesmo...

Prólogo: Impulsos de um olhar

Respiração, ato involuntário. Ação, ato voluntário.

Iniciei este escrito em 2016, enquanto cursava meu mestrado e com minha matéria-prima-*corpo* preocupada com o que estava por vir: o impeachment da única mulher eleita presidenta no Brasil, Dilma Rousseff. Na época, além de trabalhar com minha companhia que trilhava sua trajetória de teatro de grupo na cidade de São Paulo, dava aulas e seguia os passos de manifestações políticas que reivindicavam ética e esteticamente um outro olhar sobre o Brasil. Um *corpo* incomodado que se agrupa a outros *corpos* incomodados que saem às ruas reivindicando existências. E muita coisa aconteceu depois disso. Eleições, desgoverno, pandemia, isolamento e junto com isso outras maneiras de criar e se comunicar, novos espetáculos e poéticas se deram até aqui.

Este escrito fala sobre alguns procedimentos do Núcleo Bartolomeu de Depoimentos e sua pesquisa de linguagem, buscando focar no processo do espetáculo-intervenção *BadeRna* e resultando em uma cartografia de experiências: reflexões acerca de um *corpo-gerúndio* em cena indissociável de seu tempo histórico, que nos coloca a cada segundo diante de enfrentamentos e, numa urgência de se expressar, instaura-se uma *poética do prejuízo*.

São muitas as vivências que perpassaram e que estão impregnadas no *corpo* que dança e narra este livro. Um *depoimento* compartilhado de uma estética indissociável de uma ética. E, já que as memórias são muitas, nas encruzas, entre os capítulos, trago também alguns manifestos de ações que atravessaram essas duas décadas, fazendo parte da experiência deste *corpo* em *depoimento*.

Ainda que este livro tenha como eixo um olhar pessoal sobre os fatos, para lançá-lo em 2023 atento meu olhar para as questões que a minha língua de inflexão e reflexão do mundo, a língua portuguesa, tem na sua estrutura – ela, que foi trazida pelos invasores desta terra, assim como eles, oprime e suprime muitas existências.

> A língua, por mais poética que possa ser, tem também uma dimensão política de criar, fixar e perpetuar relações de poder e de violência, pois cada palavra que usamos define o lugar de uma identidade.[1]

Nas páginas a seguir, escolhi um vocabulário que abrange mais que o "narrador" embutido no gênero masculino pelo patriarcado. Assim, iniciarei as formulações com o gênero feminino, para incluir, neste momento, o olhar de quem conta essa história. A conjugação feminina será acompanhada na sequência do masculino institucionalizado, da seguinte maneira: "a(o)", sabendo, contudo, que essa forma não dá conta de abarcar a multiplicidade de identidades existentes. Se a grande quantidade de parênteses desse tipo causar incômodo no fluxo da leitura é porque ela reflete o incômodo que permeia todas as relações de poder impregnadas em nossa língua.

Este livro, portanto, é escrito por um *corpo* ligado à arte, que aceita conscientemente que o mundo lhe diz respeito e, assim, vem se organizando esteticamente – como uma espécie de cidadania dos afetos – em movimento poético no espaço.

---

1. Grada Kilomba. *Memórias da plantação: episódios de racismo cotidiano*. Rio de Janeiro: Cobogó, 2019, p. 14.

#manifesta_ação (2000)
Arte contra a barbárie

Os grupos teatrais Companhia do Latão, Folias D'Arte, Parlapatões, Pia Fraus, Tapa, União e Olho Vivo, Monte Azul e os artistas Aimar Labaki, Beto Andretta, Carlos Francisco Rodrigues, César Vieira, Eduardo Tolentino, Fernando Peixoto, Gianni Ratto, Hugo Possolo, Marco Antônio Rodrigues, Reinaldo Maia, Sérgio de Carvalho, Tadeu de Sousa e Umberto Magnani vêm a público declarar sua posição em relação à questão Cultural no Brasil:

O Teatro é uma forma de arte cuja especificidade a torna insubstituível como registro, difusão e reflexão do imaginário de um povo. Sua condição atual reflete uma situação social e política grave. É inaceitável a mercantilização imposta à cultura no país, na qual predomina uma política de eventos. É fundamental a existência de um processo continuado de trabalho e pesquisa artística. Nosso compromisso ético é com a função social da arte. A produção, circulação e fruição dos bens culturais é um direito constitucional, que não tem sido respeitado. Uma visão mercadológica transforma a obra de arte em produto "cultural". E cria uma série de ilusões que mascaram a realidade da produção cultural no Brasil de hoje.

A atual política oficial, que transfere a responsabilidade do fomento à produção cultural para a iniciativa privada, mascara a omissão que transforma os órgãos públicos em meros intermediários de negócios. A aparente quantidade de eventos faz supor

uma efervescência, mas, na verdade, disfarça a miséria dos investimentos culturais de longo prazo que visem à qualidade da produção artística. A maior das ilusões é supor a existência de um mercado.

Não há mecanismos regulares de circulação de espetáculos no Brasil. A produção teatral é descontínua e no máximo gera subemprego. Hoje, a política oficial deixou a cultura restrita ao mero comércio do entretenimento. O teatro não pode ser tratado sob a óptica economicista.

A cultura é o elemento de união de um povo que pode fornecer-lhe dignidade e o próprio sentido de nação. É tão fundamental quanto a saúde, o transporte e a educação. É, portanto, prioridade do Estado. Torna-se imprescindível uma política cultural estável para a atividade teatral.

Para isso, são necessárias, de imediato, ações no sentido de: definição da estrutura, do funcionamento e da distribuição de verbas dos órgãos públicos voltados à cultura; apoio constante à manutenção dos diversos grupos de teatro do país; política regional de viabilização do acesso do público aos espetáculos; fomento à formulação de uma dramaturgia nacional; criação de mecanismos estáveis e permanentes de fomento à pesquisa e à experimentação teatral; recursos e políticas permanentes para a construção, manutenção e ocupação dos teatros públicos; criação de programas planejados de circulação de espetáculos pelo país.

Este texto é expressão do compromisso e responsabilidade histórica de seus signatários com a ideia de uma prática artística e política que se contraponha às diversas faces da barbárie – oficial e não oficial – que forjaram e forjam um país que não corresponde aos ideais e ao potencial do povo brasileiro.

Po-ética do depoimento

> Em termos modernos se poderia dizer que "amigo" é um existencial e não um categorial. Mas esse existencial – como tal, não conceitualizável – é atravessado, entretanto, por uma intensidade que o carrega de algo como uma potência política.
>
> GIORGIO AGAMBEN[1]

Núcleo Bartolomeu de Depoimentos

O *encontro* se deu na virada do século. O encontro permaneceu em meio a um alvorecer do teatro de grupo na cidade de São Paulo. O encontro sustentou-se com políticas públicas que subsidiavam processos continuados. E o encontro continuou por gerar amizade e linguagem: o teatro hip-hop. Assim aprendi sobre teatro e sobre ser atriz. Desde a fundação do Núcleo Bartolomeu de Depoimentos em 2000, vivo a arte como uma ação política em cena.

Platão encontra na etimologia de *fazer* a palavra *poiein*, que também deu origem a *poesia*. *Fazer*, *criar*, *compor* são verbos de um processo poético-criativo, porém cada agrupamento de pessoas gera um tipo de relação com esses fazeres, que vão deixando memórias como registros nos *corpos*. E muitos são os *corpos* que se agruparam, realizando pesquisas potentes, ressaltando uma dramaturgia da atriz(or) no processo de criação.

---

[1]. Giorgio Agamben, *O amigo & o que é um dispositivo?*, trad. Vinícius Nicastro Honesko. Chapecó: Argos, p. 69, 2014.

Os escritos a seguir são de "um olhar" sobre a experiência. Um ponto de vista de um *corpo* que ativa sua memória para refletir sobre os *acontecimentos*.

Esse nosso encontro teve de início um caráter diaspórico: artistas vindos de distintas áreas reconheceram incômodos semelhantes, estabeleceram através do teatro uma solidariedade no criar e chegaram a novas compreensões sobre o que dizer e como dizer. A narrativa dos acontecimentos vividos ficará a cargo da escrita poética de cada narradora(or). Para mim, o encontro com cada artista que passou pelo Núcleo Bartolomeu de Depoimentos, assim como a história da cidade em que vivo, impulsiona esta escrita.

O Núcleo Bartolomeu de Depoimentos inicia sua trajetória com o olhar atento à cidade em que se localiza e continua incomodado com a disputa que nosso imaginário tem que travar (com muita arte) para salvaguardar alguma sanidade perante tanta diferença social, tanta discriminação de raça e gênero e de tantas outras barbaridades impostas às minorias, embora, juntas, elas sejam maiorias dentro de uma metrópole.

Começamos com o convite de Claudia Schapira, que desejava discutir um suicidado da sociedade e seus cúmplices. O *depoimento* – procedimento sobre o qual irei discorrer no capítulo seguinte – foi a base para a criação da dramaturgia de nosso primeiro espetáculo, *Bartolomeu: que será que nele deu?*, peça inspirada no conto "Bartleby, o escrivão", de Herman Melville, que conta a história de um cidadão que começa a "preferir" não realizar suas atividades, paralisando o sistema. A pesquisa investigava, portanto, o pulso das grandes cidades e suas(eus) transeuntes. Foi nessa busca que o hip-hop, uma cultura essencialmente urbana, apresentou-se como uma estética que tinha a contundência necessária para representar e dialogar com a cidade. O hip-hop surge no sul do Bronx em 1973, em meio a um cenário composto por gangues que batalhavam entre

ruínas, como um levante de um bairro da classe trabalhadora. Latinas(os), negras(os) e imigrantes coexistiam num abandono periférico:

> Todo esse contexto faz com que o hip-hop possa ser analisado em suas raízes como um efeito colateral, uma explosão, a resposta de um corpo social doente que reage com uma febre que se recusa a passar e, como uma incontrolável peste às avessas, alastra-se pelo mundo corrompendo a linguagem, distorcendo corpos e rasgando a paisagem.[2]

A cultura hip-hop também "corrompeu", no melhor dos sentidos, nossas intenções com o teatro. Iniciamos nossa pesquisa com a vontade de representar *corpos* urbanos com a contundência e a pulsação das ruas, e o hip-hop deu forma a esse conteúdo trazendo elementos que fomentaram as contradições nas atitudes dos *corpos* atuantes nos processos criativos.

Na primeira montagem, quase didaticamente, dialogamos em cena com os quatro elementos (faróis) da cultura de rua: a(o) DJ (*disc jockey*), grande maestra(o) da celebração, que utilizava seus toca-discos mixando "histórias prensadas" em vinis para conduzir a narrativa; a(o) MC (mestra(e) de cerimônia), que no início da cultura era interlocutora(or) entre DJ e a pista e com o tempo foi ocupando o lugar de autorrepresentação com suas rimas (ela(e) aparecia em nosso espetáculo como uma testemunha ocular, narrando e rimando junto com as personagens); a *b-girl* ou o *b-boy* (*break girl* ou *break boy*), pessoas que dançam no momento instrumental das músicas, e que vinham ao palco dançar no *break* das ações cênicas; e, por fim, tínhamos os grafites contornando a cena, trazendo os traços e os rastros simbólicos dos muros, trens e metrôs.

---

2. Roberta Estrela D'Alva, *Teatro hip-hop: a performance poética do ator-MC*. São Paulo: Perspectiva 2014, p. 3. Vou narrar alguns fatos da história do Núcleo Bartolomeu de Depoimentos, mas me atenho a descrever os pontos principais para apenas introduzir o leitor no contexto do grupo e sua pesquisa. O surgimento do Núcleo Bartolomeu de Depoimentos, o desenvolvimento da linguagem teatro hip-hop, assim como o aprofundamento da cultura hip-hop são tratados com profundidade e de maneira inspiradora no livro *Teatro hip-hop*, de Roberta Estrela D'Alva, com quem dialogo por meio de algumas citações.

NBD

hip-hop

amizade

Depois dessa primeira montagem, decidimos continuar juntas(os) e caminhar em direção a uma criação coletiva, sendo a cidade o melhor cenário para seguirmos nossa trajetória de grupo. Inspiradas(os) pelo poeta e ativista Hakim Bey, sentimos a necessidade de buscar espaços de convívio e compartilhamento de experiências para a criação de *zonas autônomas temporárias,* que possibilitassem o encontro e, ao mesmo tempo, a observação da diversidade que pulsa nas ruas.

> A **TAZ** [sigla em inglês de Zona Autônoma Temporária] é uma espécie de rebelião que não confronta o Estado diretamente, uma operação de guerrilha que libera uma área (de terra, de tempo, de imaginação) e se dissolve para se re-fazer em outro lugar e outro momento, antes que o Estado possa esmagá-la.[3]

A citação acima foi inspiração para o projeto seguinte. Percorrer esquinas, viadutos, madrugadas, escadarias, horas do *rush*, trens e passeatas, proporcionando encontros de maneira inusitada que fizessem emergir como protagonista a pessoa urbana, buscando narrativas que pudessem disputar o seu lugar na cidade.

Urgência nas ruas, título de nossa segunda pesquisa contemplada pela primeira edição do Programa Municipal de Fomento ao Teatro para a Cidade de São Paulo,[4] tinha o desejo de intervir nas ruas abrindo um espaço de experiência e de diálogo com as(os) transeuntes, tendo como mote os acontecimentos que urgiam como crônica nas páginas dos jornais.

Numa época em que levar público ao teatro (em especial a um teatro de pesquisa; de resistência) é quase uma façanha, esta decisão parte da vontade de estreitar os laços com o espectador; de revelar ao público o caráter urgente desta manifestação

---

3. Hakim Bey, *TAZ: Zona Autônoma Temporária*. São Paulo: Conrad, 2001, p. 17.

4. Estabelecido pela Lei 13.279/02, o Programa Municipal de Fomento ao Teatro para a Cidade de São Paulo tem por objetivo apoiar a manutenção e a criação de projetos de trabalho continuado de pesquisa e produção teatral visando o desenvolvimento do teatro e o melhor acesso da população a ele, por intermédio de grupos profissionais financiados diretamente por esse programa.

NBD

Urgência nas ruas

hip-hop

amizade

TAZ

artística que age e se expressa como crônica do cotidiano, como relator e delator do tempo que lhe cabe viver. "Re-ligar" o espectador ao teatro que perdeu seu caráter essencial: a sua função social de rito; de fórum de debates da pólis e das questões existenciais do ser, de entretenimento numa relação corpo a corpo. Escolhemos a rua, (mais precisamente o centro da *urbes*), "épica arena de contradições humanas", como objeto de estudo e cenário da pesquisa.[5]

O nome do projeto e seu aspecto performativo ficaram impregnados na continuidade da pesquisa do grupo. Esse processo trouxe a experiência direta dos *corpos*-artísticos com os *corpos*-cotidianos. Com seu poder de "real" **acontecimento**, a rua ensina, impera e rege improvisos sempre numa operação de vida sendo vivida.

Urgência nas ruas foi um projeto baseado no desejo de intervir esteticamente em diferentes pontos de São Paulo. A ideia não era fazer teatro--de-rua, mas buscar diferentes formas de dialogar com a cidade. Eram muitos os fatores que impulsionavam o que dizer e a maneira de criar cada encontro com a cidade. Escolho relatar aqui uma intervenção que fizemos em outubro de 2002 embaixo do Elevado Costa e Silva, o Minhocão, de nome *Vigília cultural: 36 horas de arte no ar*.[6]

Ganhamos o edital de ocupação da Funarte (Fundação Nacional de Artes) e hospedávamos nossa pesquisa em sua antiga sede, no bairro da Barra Funda. Quase todos os dias, ao sairmos da estação de metrô Marechal Deodoro para nossos ensaios, deparávamos com as pessoas em situação de rua que organizavam como suas casas o canteiro central da rua Amaral Gurgel, utilizando o Minhocão como telhado. Sempre conversávamos sobre essa imagem, sobre a vontade de sair da anestesia do olhar, de nos relacionarmos com aqueles *corpos* e, de algum modo, dialogar com algo que nos convocava todos os dias à inconformidade. Decidimos

---

5. Claudia Schapira, retirado do arquivo do NBD, projeto de fomento 2002.

6. O registro em vídeo da intervenção está no You Tube, dividido em seis partes. A primeira delas está disponível em: <https://www.youtube.com/watch?v=_UznKN08aiQ>. Acesso em: 16/11/2023.

NBD

hip-hop

Urgência nas ruas

amizade

acontecimento

TAZ

então ir para junto deles, e, durante 36 horas de atividades ininterruptas, realizamos uma programação feita em parceria com convidadas(os) e coletivos artísticos da cidade.

Iniciamos às 7h da manhã ligando os equipamentos de som e vídeo e nos encontrando com quem dormia todos os dias embaixo do Minhocão. Começamos harmoniosamente, proporcionando uma aula de *corpo* e, a seguir, as atividades foram correndo de forma tranquila, contando com a participação das pessoas em situação de rua e de muitas(os) outras(os) espectadoras(es) que ficaram sabendo da programação e foram lá para ocupar e participar.

No final da tarde do mesmo dia, um carro de polícia apareceu e os policiais civis nos perguntaram se estava tudo bem e se precisávamos de alguma coisa. A madrugada seguiu sua programação normalmente. Fazíamos tudo junto com os *corpos* que habitavam aquele espaço: comíamos lá, assistíamos a peças, shows, filmes, debates, leituras, tudo improvisado para aquele espaço "calçada-corredor". Vinte e quatro horas após o início da ocupação, nossos *corpos* em vigília, exaustos mas em plena presença, receberam mais uma visita de duas viaturas da polícia avisando que teríamos que deixar o local. A conversa foi longa, questionamos o procedimento dizendo que a rua era pública e que estávamos em ação artística e que não iríamos sair até o fim, que seria às 19h.

O fato curioso foi a ação da polícia, que tinha vindo a princípio nos "proteger" e depois nos repelia de um espaço público. Viaturas foram chegando com o evidente propósito de nos coagir, e o embate foi ficando pesado; os *corpos*, tanto das(os) espectadoras(es) e transeuntes, quanto os nossos, que promoviam esse encontro, foram ficando em risco. Resistimos com a programação até próximo das 15h, quando percebemos o injusto enfrentamento que seguiria caso não saíssemos. Retiramos todos os nossos equipamentos e decidimos permanecer no local marcando presença apenas com nossos *corpos*, com as bocas tapadas por uma fita crepe, batendo palmas, e ainda

NBD

Urgência nas ruas

hip-hop

amizade

acontecimento

TAZ

com dois *corpos* em performance estirados no chão simbolizando a interrupção da programação. Assim, com uma nova configuração, o ato se deu até seu término combinado, às 19h. Ficamos: *corpos* emparelhados em *depoimento* numa vigília cultural de encontro com a cidade.

Todas as intervenções tiveram algo de singular, inesperado e relevante a ser narrado. Contudo escolhi falar dessa ação, que para mim expressa a potência do *corpo* em vivência de encontro, mas também de embate. Até hoje trago essa experiência como a manifestação de uma *estética de guerrilha* que impregnou a memória *corpórea*, tanto pelas quase 36 horas sem dormir quanto pela lembrança do compartilhamento dos *acontecimentos*, dos mais sensíveis (a manifestação estética e seus desdobramentos) aos mais agressivos, vindos da polícia, que deveria proteger os *corpos* civis. O processo do *Urgência nas ruas* deixou pistas, rastros para o que mais tarde despontaria em uma ação-resposta a um contexto de urgência, refletindo uma **poética do prejuízo**.

Com essa qualidade afetiva que nos atravessava cada vez que disparávamos uma ação, fomos criando estratégias, performances experienciadas no momento de sua realização. E, mesmo que ensaiássemos algum texto ou roteiro, a rua, sempre soberana, nos surpreendia, interferindo e transformando nossas ações, que aconteciam apenas uma vez. Fizemos ao todo quinze intervenções, efêmeros *acontecimentos*, que deram origem a um livro e a um registro-documentário, disponível em capítulos na internet,[7] ambos de nome *Urgência nas ruas*.

Ao mesmo tempo que disparávamos encontros de risco com transeuntes, consolidávamos a pesquisa do espetáculo *Acordei que sonhava*,[8] livre inspiração e adaptação de *A vida é sonho*, de Calderón de La Barca, pautando assim a abertura das portas de nossa ocupação na Funarte em 2003. Nesse processo, nos percebemos em uma pesquisa contínua sobre a cultura das ruas.

---

7. *Urgência nas ruas*, registro em vídeo disponível em: <https://www.youtube.com/watch?v=clGm-pmvkOw>. Acesso em: 16/11/2023.
8. Clipe de *Acordei que sonhava*, disponível em: <https://www.youtube.com/watch?v=DhNeW5nHQr8>. Acesso em: 16/11/2023.

NBD

Urgência nas ruas

hip-hop

amizade

acontecimento

TAZ

poética do prejuízo

A(O) atriz(or), porta-voz que experimentou a cidade dialogando com as(os) transeuntes, se apresentava em cena em nosso segundo espetáculo, empunhando um microfone, defendendo mediante *depoimentos* a sua personagem. Essa trajetória de materializar discursos consolidou a performance que nomeamos a partir deste ponto da pesquisa de atrizor)-MC.

A(o) **atriz(or)-MC** se constitui como

> artista híbrido que traz na sua gênese as características narrativas do ator épico (o distanciamento, o anti-ilusionismo, o *gestus*, a determinação do pensar pelo ser social) mixado ao autodidatismo, à contundência e ao estilo inclusor, libertário e veemente do MC.[9]

Esse estilo pulsa na contundência do discurso das ruas, na apropriação de quem conhece e conta sua própria história, tornando-se narradora(or), através de articulações de rimas – o rap (*rhythm and poetry*, ritmo e poesia) – e com um jeito muito próprio, da realidade na qual está inserido.

O ator-MC, como voz do teatro hip-hop, é um ator-narrador que incorpora os procedimentos estéticos do MC e da cultura hip-hop em seu processo criativo e em sua performance e que, visto não se utilizar exclusivamente das técnicas de atuação vindas da área teatral, acaba criando especificidades de linguagem em suas resultantes expressivas que transitam, se entrecruzam e até mesmo se contrapõem entre os campos do teatro e da cultura das ruas.[10]

Os pontos fundamentais dessa fusão – que resultou na atriz(or)-MC – são a autorrepresentação e o *depoimento* como estruturas da narrativa, configurando-se com isso a célula fundamental da concepção dramatúrgica e da criação de personagens e de performances poéticas que começamos a chamar de **teatro hip-hop**.

---

9. Roberta Estrela D'Alva, op. cit., p. 76.

10. Id., ibid.

NBD

hip-hop

Urgência nas ruas

atriz(or)-MC

amizade

acontecimento

TAZ

teatro hip-hop

poética do prejuízo

A presença de um ponto de vista claro e a sua defesa, o desenvolvimento da consciência sobre si mesmo, de seu papel como agente da história e o intransferível direito de, com o seu *corpo*, contar sua própria trajetória, são características que definem uma(um) atriz(or)-MC.

Estávamos tateando o teatro hip-hop, ao mesmo tempo que nos formávamos para ele. No processo de *Acordei que sonhava* houve *acontecimentos* que deslocaram artistas de sua área primeira de ação, ressaltando ainda mais a experiência de construção de uma linguagem e suas especificidades. Roberta Estrela D'Alva interpretava a personagem Segismundo, um príncipe que desde pequeno é isolado numa masmorra por seu pai, que prevê nos astros que seu filho será um déspota e que, ainda jovem, o destronará. A concepção dessa montagem trazia para Segismundo a ideia de representar a origem da cultura hip-hop como um levante dos *corpos* periféricos. Nesse sentido, Roberta estudou a língua iorubá[11] para utilizar uma sonoridade diferente na fala, um dialeto próprio, que evocasse a ideia da gíria – como é característico de uma cultura periférica – mas sem uma representação literal da fala, provocando assim um distanciamento, além de adentrar num estudo aprofundado de métricas e rimas, mergulhando no universo das(os) MCs. Eugênio Lima estava fora de cena, responsável pela direção musical, concebida a partir de uma trajetória paralela à do hip-hop nacional, tendo como ícone os vinis do grupo Racionais MCs. Sua irmã, Mariana Lima, que estava em cena representando a personagem povo, engravidou durante o processo de criação e, pela primeira vez, ele entrou no palco para atuar, substituindo-a. Claudia Schapira, que nesta montagem atuava no papel de Clotaldo, adaptava o texto do clássico *A vida é sonho* e concebia o figurino, fez sua primeira direção teatral nesse coletivo. E eu, que fazia a personagem Rosaura, arrisquei minhas primeiras "viradas" nos toca-discos como atriz-MC e DJ.

---

11. Idioma da família linguística nígero-congolesa.

NBD

hip-hop

Urgência nas ruas

atriz(or)-MC

amizade

acontecimento

TAZ

teatro hip-hop

poética do prejuízo

Esses novos lugares experimentados ampliaram as manifestações de cada integrante, agregando outros pontos de vista para a nossa criação.Roberta virou uma MC, Eugênio um ator, Claudia uma diretora, e eu uma DJ. Não foi apenas um processo de representação, mas também de representatividade e conhecimento para a trajetória que se instaurava cada vez mais como uma pesquisa de linguagem, deixando claro que a cena era, para esse coletivo, um lugar de disputa de narrativas. Cada *corpo* passa a ser catalisador de informações, com capacidade de samplear[12] conteúdos, organizá-los e dispará-los em contexto.

O sample tem uma função metonímica, em que uma parte em combinação com outras partes recria o todo, e o ator-MC tem o papel de reorganizar, traduzir e atualizar constantemente esse material em sua atuação.[13]

A ideia do *sampling*, em que um aparelho possibilita a execução eletrônica de uma amostra sonora, é substituída aqui pela capacidade dos *corpos* de registrar informações e ativar a memória como conteúdos a serem disponibilizados em determinado contexto. A atriz(or)-MC traz essa qualidade em seu princípio de criação como porta-voz de conteúdos numa reorganização histórica.

Identifico nessas três primeiras pesquisas (*Bartolomeu: que será que nele deu?*, *Urgência nas ruas* e *Acordei que sonhava*) os aspectos que permearam os processos seguintes. Um primeiro aspecto é "quem": uma(um) artista que se reconhece como sujeita(o) de uma sociedade pronta(o) para *samplear* o mundo em que vive, ativando a memória e organizando os conteúdos, desejando parar o tempo para encontrar o "ato falho" do sistema ou,

---

12. "*Sampling* (sampleagem ou sampleamento) é uma técnica que consiste em extrair de uma gravação algum trecho da construção musical e utilizá-lo para construção de uma nova gravação a partir de um processo de colagem musical. O trecho, chamado *sample*, é uma "amostra de áudio", um recorte musical, ou arquivo de som (instrumentos, batidas, vozes, ruídos)" (Roberta Estrela D'Alva, op. cit., p. 15).

13. Roberta Estrela D'Alva, op. cit., p. 99.

NBD

hip-hop

Urgência nas ruas

atriz(or)-MC

amizade

acontecimento

TAZ

sampling

teatro hip-hop

poética do prejuízo

no mínimo, buscar suas brechas como um lugar da ação. Segundo, "onde": é da cidade que saltam os *acontecimentos*. Ela traz o imediatismo como uma resposta às ações, estabelecendo uma estética da urgência. E o último aspecto é "como": ele vem como um resultado, entendendo que a forma contempla um conteúdo. A pesquisa da linguagem vem como consequência das necessidades dessas(es) artistas cidadãs(ãos), atentas(os) e incomodadas(os) com seu entorno, na ânsia de se comunicar com a contundência dos *acontecimentos* da vida.

As investigações e inquietudes consolidaram o Núcleo Bartolomeu de Depoimentos como um coletivo de pesquisa permanente que elabora a cada processo os procedimentos do teatro hip-hop, um conceito que, a partir da junção das linguagens do `teatro épico` (mais precisamente aquele difundido pelo dramaturgo alemão Bertolt Brecht) e da cultura hip-hop, concebe uma estética pioneira em sua conceituação e expressão. O caráter agregador dessa junção de linguagens gerou um repertório diverso, dialogando com as questões da pessoa urbana e com o universo no qual se encontra inserida.

Com esse pacto estético feito nessas três primeiras vivências, instaurou-se em nós uma sensação de responsabilidade e a vontade de continuar pesquisando a linguagem. Essa história, que ainda está sendo escrita, deu origem até agora a uma trajetória de espetáculos e intervenções: *Bartolomeu: que será que nele deu?* (2000), *Urgência nas ruas* (2002/2004), *Acordei que sonhava* (2003), *Lendas urbanas* (2004), *Frátria amada Brasil: um compêndio de lendas urbanas* (2006), *3 × 3: 3 DJs em busca do vinil perdido* (2008), *Manifesto de passagem: 12 passos em direção à Luz* (2008), *Cindi Hip-Hop* (2008), *Vai te catar* (2008), *Homens notáveis* (2008), ZAP: *Zona Autônoma da Palavra!* (início em 2009), *Pajelança de Kuarup no Congá* (2009–2010), *Musa Medusa* (2010), *Orfeu mestiço: uma hip-hópera brasileira* (2011), *Antígona recortada: cantos que cantam sobre pousos pássaros*(2013), *Baderna* (2014), *Olhos*.

NBD

hip-hop

Urgência nas ruas

teatro épico

amizade   atriz(or)-MC

acontecimento

TAZ

sampling   teatro hip-hop

poética do prejuízo

serrados (2015), *Memórias impressas* (2015), *Efeito Cassandra* (2016), *Terror e miséria* (2019), *Hip hop blues: espólio das águas* (2022).[14]

Entre processos de pesquisa, espetáculos, eventos, slams,[15] intervenções e algumas festas-encontros-celebrações, a linguagem foi se estabelecendo numa amizade – encontro–político – ao mesmo tempo que se elaboravam discursos e narrativas. E o *corpo* das(os) artistas, burilado entre aulas de ioga e *street dance*, vem percorrendo essa criação e dançando sua trajetória conforme a música dos acontecimentos que impulsionaram seus *gestus*.

Reconheço o Núcleo Bartolomeu de Depoimentos como um *corpo* coletivo pulsante em permanente discurso e identifico na capacidade de cada integrante a particularidade com que elabora e catalisa *depoimentos*: força conjunta que propõe a construção das dramaturgias cênicas. Hoje, o Núcleo é formado por Claudia Schapira (atriz-mc, diretora, dramaturga, figurinista que um dia sonhou esse grupo), Eugênio Lima (ator-mc, dj, diretor, que conduz desde o início a concepção musical), Roberta Estrela D'Alva (atriz-mc, diretora, *slammer*, apresentadora, idealizadora do zap, primeiro campeonato de poesia do Brasil) e por mim (atriz-mc, dj, diretora, coreógrafa e professora), e ainda pelo pulso firme administrativo de Mariza Dantas (que desde 2009 é administradora geral do grupo). Continuamos olhando para o mundo como grande interlocutor; como algo que nos diz respeito, e é para ele e com ele que queremos contracenar. A perplexidade de nossa primeira personagem, Bartolomeu, que "preferia não" perante o sistema, nos acompanha não apenas no nome da companhia, mas na atitude de desconforto que impulsiona nossa criação.

---

14. A maioria dessas peças se encontra no livro *A palavra como território: antologia dramatúrgica do teatro hip-hop*, do Núcleo Bartolomeu de Depoimentos (São Paulo: Perspectiva/Cooperativa Paulista de Teatro, 2022).

15. "Uma competição de poesia falada, um espaço para livre expressão poética, uma ágora onde questões da atualidade são debatidas" (Roberta Estrela D'Alva, op. cit., p. 109).

NBD   hip-hop

Urgência nas ruas   teatro épico

atriz(or)-MC

amizade

acontecimento

TAZ

teatro hip-hop

sampling   poética do prejuízo

Como Bartolomeu, *preferimos não*, porém não paralisamos diante dos conflitos, eles são o mote de nossas ações. E conosco muitos *corpos* de artistas estiveram também disputando narrativas. Entre fichas técnicas e agradecimentos, seguimos em contínuo procedimento de *depoimento* e pesquisa de linguagem.

São muitas as memórias das vivências artísticas, narrativas de um teatro de grupo da cidade de São Paulo que estão aqui também, como mais um *depoimento* da atriz-MC que sou e que segue em reflexão.

Performance em depoimento

O **depoimento**, palavra tão repetida no capítulo anterior, foi um dos primeiros procedimentos da pesquisa do Núcleo Bartolomeu de Depoimentos, alcançando lugar de relevância nos processos, permanecendo como uma instância simbólica no nome do grupo. Ele instaura uma reflexão sobre qualquer assunto introduzindo as(os) artistas na criação, elucidando suas visões de mundo e colocando a(o) atriz(or)-narradora(or) em face de si mesma(o) como objeto de pesquisa, como ser mutável em pleno processo, fruto do raciocínio e da reflexão.

O procedimento surge nos ensaios do espetáculo *Bartolomeu: que será que nele deu?* como uma provocação do ator e diretor Luciano Chirolli, que tinha a tarefa de dirigir a montagem. Antes mesmo de o elenco apresentar algum resultado, ele teve que se ausentar. Restaram, então, cinco atrizes – Claudia Schapira, Lavínia Pannunzio, Paula Picarelli, Roberta Estrela D'Alva e eu – com apenas uma indicação: fazer o *depoimento* de cada personagem. Passamos os próximos encontros buscando realizar essa indicação, criando o depoimento a partir do "ponto de vista" de cada personagem – um momento essencial da criação, pois os ensaios eram aquilo que elaborávamos como discurso, tendo cada artista um papel estrutural dentro do processo. Isso nos possibilitou caminhar com a pesquisa em uma travessia

depoimento

hip-hop

teatro épico

Urgência nas ruas

NBD

atriz(or)-MC

amizade

acontecimento

TAZ

teatro hip-hop

sampling

poética do prejuízo

de dois meses de ensaios, nos quais as visões de mundo das figuras levantadas foram sendo conduzidas pela vontade de cada criadora de se colocar perante os assuntos que permeavam o contexto trabalhado: um escritório de advocacia, seus funcionários e seus poderes.

Quando Georgette Fadel chegou para dirigir a encenação, Schapira, encorajada com os conteúdos levantados, já havia desenvolvido uma dramaturgia. E foi a partir das percepções durante a realização desses primeiros *depoimentos* que esse procedimento foi assumindo um status particular dentro dos processos, sendo desenvolvido ao longo da trajetória do coletivo.

O *depoimento* consiste em cada atriz(or) criar uma visão de mundo com perspectiva sociopoliticocultural-histórica para cada personagem proposta. Quem é esta figura social? Como se veste? Como pensa o mundo? Qual o seu conflito? A personagem se senta numa cadeira, se apresenta e, de acordo com as circunstâncias propostas, vai sendo questionada pelas pessoas ali presentes. Como diz Schapira: "Nos interessa mostrar como uma determinada visão de mundo interfere no processo histórico."

Num primeiro momento esse procedimento era uma defesa de ideias, mas, com a apropriação das(os) atrizes(ores), foi ficando mais elaborado, buscando-se, a cada discurso, a estética pertinente. Figurino, gestual e postura ao responder a cada provocação vão sendo desenvolvidos para compor a persona em debate. E, logicamente, a desenvoltura da(o) atuante é levada em conta, pois se trata de um jogo de cena a partir de ideias e de comportamentos na criação da personagem. Mas, se os conceitos escolhidos para apoiar determinado ponto de vista forem frágeis e incoerentes com aquela figura social, não há atuação que se sustente.

Muitas vezes uma(um) atriz(or) consegue resolver com pertinência e lógica uma personagem que outra(o) atriz(or) fará no espetáculo. Nesse procedimento de criação, cada membro do coletivo está em ação buscando se colocar como

depoimento

hip-hop

teatro épico

Urgência nas ruas

NBD

atriz(or)-MC

amizade acontecimento

TAZ

teatro hip-hop

sampling

poética do prejuízo

mediadora(or) e, como em uma "roda viva", as (os) indagadoras(es) devem ficar atentas(os) para trazer questões que conduzam o raciocínio, pois, se uma(um) atuante encontrar o viés de um discurso, outras personagens podem ser delineadas, uma vez que todas estarão relacionadas na mesma concepção.

No processo do espetáculo *Frátria amada Brasil: um compêndio de lendas urbanas*, por exemplo, passamos quase cinco meses executando *depoimentos* para encontrar figuras que pudessem embarcar em uma viagem. O texto no qual nos inspirávamos era a *Odisseia*, de Homero, e a ideia era encontrar figuras de Ulisses traduzidas em "zés-ninguéns". E buscávamos diversos Ulisses. Poderia ser de qualquer classe social e ter qualquer história de vida, mas procurávamos arquétipos que tivessem algum conflito latente, respondendo às inquietações da banca indagadora que se portava como condutora de um navio prestes a sair em viagem. Fazíamos várias vezes o *depoimento* da mesma figura, tentando resolver algumas questões mal formulados, aprimorando assim o ponto de vista das personagens. Foi uma extravagância de aparições, das mais dramáticas às mais cômicas. Levantamos mais de cinquenta tipos desejosos de zarpar em nossa terra Brasil. Chegamos a dez personagens ícones para serem os "zés-ninguéns" portadores de algum conflito que se operava em cada cena, trazendo aspectos particulares para se relacionar com a narrativa que foi sendo criada, que correspondia às dez ilhas em que Ulisses aportou durante sua travessia.

Atrizes(ores)-MCs em ação são como *corpos* portadores de memórias *sampleando* conteúdos que são ativados em determinado contexto. Como uma defesa de tese, elas(es) organizam informações e tentam comprovar cenicamente todas as referências que agruparam em seu estudo. Seus atributos técnicos de representação são observados dentro de sua lógica de criação. A escolha do figurino é percebida e questionada, tanto quanto a voz da personagem e sua gestualidade.

depoimento

hip-hop

Urgência nas ruas

teatro épico

NBD

atriz(or)-MC

amizade   acontecimento

TAZ

teatro hip-hop

sampling

poética do prejuízo

Tudo está em relação ao que se quer dizer e, a partir dessa comunicação, pensado e organizado esteticamente.

Mas foi no processo seguinte, *Pajelança de Kuarup no Congá* (2009-2010), pesquisando "demiurgas(os)", personagens históricas criadoras de mundo que gostaríamos de "ressuscitar" para nos ajudar a revisitar um Brasil, que o *depoimento* se revelou como exercício cênico à luz do público. Cada atriz(or)-mc ficou encarregada(o) de pesquisar uma figura e elaborar a personagem para o *depoimento*. Entraram em cena: Carlota Joaquina, Chico Mendes, Luiza Mahim, Maria Bonita, Zumbi, uma ancestral indígena e Marietta Baderna.

Foram dois dias de exposição dos *depoimentos* perante uma banca representada agora pelo público, que se manifestava deixando seu voto na saída. Os mais votados continuaram no processo e constituem hoje o repertório da companhia, presentes no terreiro eletrônico do espetáculo *Orfeu: uma hip-hópera brasileira*.

O *depoimento* passou a ser o estudo base para a dramaturgia cênica, em que a(o) atriz(or)-mc é o eixo da ação, mas também a (o) criadora(o) de seu discurso num processo de autorrepresentação. Como argumentou Eugênio Lima, um dos fundadores do Núcleo Bartolomeu de Depoimentos:

> Quando falo de autorrepresentação, refiro-me a um posicionamento artístico, no qual as posições e as visões de mundo são matéria indissociável da construção artística, ou seja, a obra de arte como meio específico da vida e do discurso político do artista, que, de posse da sua história pessoal, utiliza-a para um exercício de socialização de sua vivência transformando sua experiência individual na vivência do coletivo, sendo desta forma catalisador de uma história ancestral, tal como o xamã ou o *flâneur*. Ritualizando sua experiência, consegue representar-se, da mesma forma que através do rito coletivo consegue sentir-se representado no conjunto da sociedade.[16]

---

16. Roberta Estrela D'Alva, op. cit., p. 51.

depoimento

hip-hop

Urgência nas ruas

NBD

teatro épico

atriz(or)-MC

Baderna

acontecimento

amizade

TAZ

sampling

teatro hip-hop

poética do prejuízo

Temos um interesse singular nesse procedimento pois, sempre que realizamos tal exercício, percebemos sua potência, tanto para a concepção geral da pesquisa quanto para o preparo e aproximação das(os) atrizes(ores) dos conteúdos do projeto.

O procedimento do *depoimento* dentro do histórico do grupo, além de deixar o legado de uma criação coletiva, apurando o modo de refletir artisticamente sobre os assuntos, deixa rastros na(o) atriz(or)-mc que se aproximam de determinados discursos. É um *corpo* que está em *depoimento* nesse exercício de criação estético-narrativo, experimentando a atuação no teatro, aguçando o olhar sobre a cena e se acostumando a agrupar e organizar a narrativa.

Como um resíduo que não é bem retirado de alguma matéria, os processos geram aproximações, angústias e desejos nos *corpos* que conduziram e trabalharam com esses conteúdos, como uma memória que começa a impregnar os *acontecimentos* seguintes, procurando o lugar e o momento adequado de se manifestar. Materiais que foram disponibilizados em algum momento da criação e não foram utilizados na encenação final dos espetáculos passam a fazer parte do repertório desta(e) atriz(or)-mc; possuem a capacidade de se desdobrar. Trata-se de um material cênico que traz em si disparadores para outras criações: espetáculos, textos, músicas, coreografias, enfim, refugos criativos contundentes que, ressignificados, podem fazer surgir novos eventos cênicos.

E assim aconteceu com o *depoimento* de Marietta Baderna, demiurga que não seguiu sua trajetória de pesquisa no espetáculo que a evocou, ficando entre os escombros dos materiais levantados, mas que foi reelaborada como discurso em meio a um contexto que a deslocou de personagem em *depoimento* para sujeita de uma intervenção teatral. Ela se tornou uma resposta cênica a um determinado conflito histórico, uma situação que trouxe sua voz-*depoimento*, ressignificada em proposição estética.

depoimento   hip-hop

Urgência nas ruas   NBD

teatro épico

atriz(or)-MC

Baderna

acontecimento

amizade

TAZ

teatro hip-hop

sampling

poética do prejuízo

#manifesta_ação (2008)
Arte pela barbárie

Ave, Senhores! Nós, que admiramos a vida, vos saudamos.

Nós, artistas, trabalhadores descartados como a maior parte da população; nós, que nos reunimos em grupos para, coletivamente, criar outra forma de produzir e existir diferente dos cárceres privados das empresas; nós, que pensamos e vivemos diferente dos Senhores, vejam só, vos saudamos. Ave, Senhores! Nós, que teimamos em sonhar, vos saudamos.

Os senhores certamente nos conhecem: nos últimos vinte anos, dada a capilaridade do nosso fazer artesanal e cotidiano, embrenhamos o nosso teatro na vida e na geografia de todo o país. Foi assim que algumas conquistas nossas impediram o saqueio cultural definitivo. A disputa por uma arte e uma cultura de relevância pública como parte das prioridades do Estado fomentou, a partir de leis e propostas democráticas, a construção de uma consciência crítica, a ponto de a questão cultural fazer parte das discussões mais candentes do dia a dia.

É por isso que nós, que fazemos no palco a radiografia estética de sua civilização, de sua violência, guerra e morte, do seu desmanche de seres humanos, de seu mercado falido, de sua apropriação privada do mundo e dos homens; nós, que ousamos sonhar hoje para recriar a humanidade de amanhã, vos saudamos. Por que lutamos para parar a lógica

hip-hop

depoimento

NBD

Urgência nas ruas atriz(or)-MC

teatro épico

amizade

Baderna acontecimento

TAZ

teatro hip-hop

sampling

poética do prejuízo

da desordem que é a concorrência e a guerra entre tudo e todos em nome do lucro, da propriedade privada, da acumulação de riquezas nas mãos de poucos.

Nós – que existimos, produzimos, criamos sonhos, ideias, seres humanos, mas não fabricamos, não podemos e nem queremos fabricar lucros – não somos, não queremos ser e não acreditamos em vossos valores e parâmetros de eficiência e autossustentabilidade. Existimos. Somos o outro de vós, a outra voz, outro corpo, outro sonho. E nos afirmamos enquanto forma de produção, enquanto criação estética de pensamento e enquanto seres humanos.

É desse lugar que, mais uma vez, cobramos as promessas por uma sociedade mais justa, onde todos teriam direitos iguais. Mas como isso será possível se 13% do orçamento da cidade de São Paulo e mais de 30% do orçamento do Brasil vão direto para os cofres dos banqueiros, sem nenhuma discussão da sociedade? Como encarar a cultura como direito de todos, se a prefeitura da maior cidade do país e o governo da União destinam menos de 1% de seus orçamentos para a cultura? Como justificar uma divisão de recursos públicos que destina 200 milhões [de reais] ao Fundo Nacional de Cultura e 1,4 bilhões [de reais] ao marketing das grandes corporações através da renúncia fiscal, da famigerada lei Rouanet? Que reserva 38 milhões [de reais] para o Teatro Municipal de São Paulo, e dez milhões [de reais] para TODOS *os demais núcleos teatrais da cidade e praticamente nada para os demais? É pouco para o Teatro Municipal, é pouco para os grupos e é pouco para a arte e a cultura da maior cidade do país.*

Esses números traduzem a ausência de políticas públicas de Estado, a ausência da própria política: os governos e os espetáculos informativos da mídia privada apenas operam como gerentes e administradores dos negócios do mercado.

Ave, Senhores! Ironicamente, apenas cobramos a realização da sua República e das suas leis. Exigimos investimentos na cultura, entendida como direito extensivo a todos, direito que o mercado não consegue, não pode e não quer concretizar. É simples assim: que o Legislativo legisle e o Executivo execute uma política pública de Estado, e não de governo, nas três esferas (municipal, estadual e federal) através de:

Urgência nas ruas

hip-hop

depoimento poética do prejuízo

NBD

atriz(or)-MC

teatro épico

amizade

Baderna

acontecimento

TAZ

sampling   teatro hip-hop

1. *Programas públicos – e não um programa único de "incentivo" ao mercado – estabelecidos em leis, com regras e orçamentos próprios a serem cumpridos por todos os governos; programas com caráter estrutural e estruturante.*

2. *Fundos de Cultura, também garantidos por leis, com regras e orçamentos próprios, como mecanismos para atender – para além do governo de plantão – as necessidades imediatas e conjunturais, através de editais públicos.*

É hora de aumentar o orçamento do Programa de Fomento em São Paulo, aumentando o número de grupos dentro do programa e criando a categoria de núcleos estáveis; é hora de criar o Fundo Estadual de Arte e Cultura, engavetado no governo passado; é hora de desengavetar nossa proposta de lei que cria ode um Prêmio Teatro Brasileiro para todo o território nacional. Fora isso, é o império mercantil, a exclusão, a violência, a morte. Ave, Senhores! Nós, bárbaros, ao reafirmarmos a vida, vos saudamos.

Os coletivos abaixo assinam esse manifesto:

COLETIVO TEATRO DE RUÍNAS GRUPO CLARIÔ, FOLIAS, TEATRO DE NARRADORES, BADERNA, NÚCLEO BARTOLOMEU DE DEPOIMENTOS, FORTE CASA TEATRO, MINICIA, TEATRO DA TRAVESSIA, PAVANELLI, TRUPE PAU A PIQUE, TOPA TEATRO, PESSOAL DO FAROESTE, HANNA, CIA. PAULICÉIA, CIA. EXTREMOS ATOS, CIA. LIVRE, POPULACHO E PIQUENIQUE, OS SATYROS, CIA. SÃO JORGE DE VARIEDADES, CIA DO FEIJÃO, CORTA O PAULO E CONTINUA, TEATRO DA VERTIGEM, DESEJO, REDIMUNHO DE INVESTIGAÇÃO TEATRAL, ARGONAUTAS, INTUIÇÃO, TEATRO OFICINA, GRUPO XIX DE TEATRO, IVO 60, BRAVA COMPANHIA, CIA. ESTÁVEL, DOLORES BOCA ABERTA MECATRÔNICA DE ARTES, ENGENHO TEATRAL, MUNDANA COMPANHIA, CIA. DE DOMÍNIO PÚBLICO, CIA. TEATRAL AS GRAÇAS, TABLADO DE ARRUAR, GRUPO CONTRAFILÉ, TEATRO GIRANDOLÁ

NBD

Urgência nas ruas   atriz(or)-MC   teatro hip-hop

depoimento   hip-hop

teatro épico

amizade

Baderna

poética do prejuízo   acontecimento

sampling   TAZ

Badernas: poética do prejuízo

> Não sou o que você pensa, nem sou o que você pensa que sou. Daí não vou deixar mais uma vez o seu olhar moldar, um olhar que raramente consegue me enxergar. Sou dessas mulheres saídas de lugares que você custa acreditar.
>
> MAURINETE LIMA[1]

A-Tua-Ação em depoimento

> Significado de baderna: bagunça, matulagem, pândega, súcia. Rolo, confusão, briga. Sinônimos de baderna: pândega, estúrdia, súcia, farra. Classe gramatical: substantivo feminino.

Marietta Baderna foi uma bailarina italiana libertária e inovadora que aportou no Brasil nos primeiros anos do Segundo Reinado. Nasceu em Castel San Giovanni, em 1828, e desde cedo mostrou grande inclinação para a dança, estudando com um reconhecido mestre da época, Carlo Blasis. Bonita e talentosa, já aos 15 anos era saudada como uma das dançarinas mais promissoras em Milão, sede do Scala, um dos teatros líricos mais importantes do mundo. Depois de uma temporada de grande sucesso na Inglaterra, em 1847, Baderna voltou à Itália, mas por pouco tempo. Seu pai, Antonio, era republicano e tinha sido derrotado no movimento democrático de 1848. Para fugir da repressão, levou a filha a aceitar um convite para se apresentar no

---

1. Maurinete Lima, *Sinhá Rosa*. São Paulo: Invisíveis Produção, 2017.

Baderna

amizade

depoimento

Urgência nas ruas   NBD

hip-hop

teatro épico

atriz(or)-MC

poética do prejuízo

acontecimento

TAZ

sampling   teatro hip-hop

Brasil, onde desembarcaram no ano seguinte. Como primeira-bailarina do Scala, Baderna despertou desde o início a atenção dos brasileiros, que nunca tinham visto uma artista dessa categoria. No principal teatro carioca, o São Pedro de Alcântara, Maria, como foi chamada no Brasil, conheceu uma formidável sequência de êxitos, sendo ovacionada a cada apresentação, pelas(os) suas(eus) seguidoras(es), as(os) baderneiras(os).

Muitas alegrias a acompanharam no Brasil, mas a epidemia de febre amarela que assolou o Rio de Janeiro em 1850, matando milhares de pessoas, arrasou a bailarina pois, dos 55 artistas que tinham chegado com ela, 44 morreram. Vivia de maneira excessivamente liberal para o Brasil de D. Pedro II. Além de manter uma convivência livre com o amante francês, ela às vezes dançava em bailes, praças e praias. Nessas ocasiões, longe da rigidez dos palcos, preferia os ritmos dos tambores, como o sensual lundu, então relegado aos lugares frequentados pelas pessoas escravizadas. Num ambiente de moralismo e preconceito, pode-se imaginar o escândalo que Baderna causou quando resolveu apresentar um lundu no palco em Recife, em 1851. Foi impactante para os padrões daquela época. Os protestos racistas não demoraram a acontecer e, fomentada pelo interesse crescente do público pelas cantoras de ópera, iniciou-se uma marginalização da dança e as referências a Baderna na imprensa adormeceram. Mesmo em plena forma, após 1856 parou de se apresentar e seria relegada ao esquecimento, não fossem algumas vozes entoarem nos teatros: "Cadê a Baderna? Cadê a Baderna?". Por conta disso, alguns conservadores solicitavam a retirada dos "baderneiros" do recinto. Assim, seu nome nos chega até hoje, como um adjetivo pejorativo, resultado de uma história mal contada, como várias outras, que passam pelo bojo do preconceito e do descaso em nosso país.

Esse é um resumo dos escritos de Silverio Corvisieri[2] em *Maria Baderna: a bailarina de dois mundos*, livro que acompanhou meu processo de

---

2. Silverio Corvisieri: deputado do Partido Comunista italiano e autor do livro *Maria Baderna: a bailarina de dois mundos*. Para escrevê-lo, veio ao Brasil e percorreu os caminhos de Marietta, pesquisando em arquivos e jornais de época.

Urgência nas ruas

depoimento NBD hip-hop

Baderna

teatro hip-hop

teatro épico

amizade

atriz(or)-MC

TAZ acontecimento

sampling poética do prejuízo

criação em 2009. A primeira vez que ouvi falar dela foi no filme de André Franciolli: *Veja & ouça: Maria Baderna no Brasil*, que com muita irreverência, numa exposição contundente e crítica sobre o Brasil, traz a imagem da bailarina, ao mesmo tempo que mostra o termo *baderna* como uma reverberação em nossas relações. O filme, assim como Corvisieri, evocam a bailarina como uma presença na alma brasileira.

Continua a voltar pelos céus do Rio com um sorriso ambíguo, como se desejasse sair de um imerecido esquecimento e, ao mesmo tempo, temesse ser novamente ferida pela vulgaridade de certos julgamentos. Como se quisesse conservar uma margem de indefinição e de etérea elegância, continuando sua dança entre as estrelas.[3]

A sensação de um espírito que ronda como uma força pronta para falar me encantou desde o começo. As leituras e associações fluíram numa pesquisa de muita intuição, pois há poucos escritos sobre o assunto, e os que existem são cheios de contradições. Isso torna ainda mais pertinente sua passagem pelo mundo, e aumentou o meu desejo de contar a história da mulher que ousou desafiar as normas de uma sociedade conservadora e escravista.

Quando o nome de Marietta Baderna foi levantado como mais uma agente da história, nossa pesquisa passava pela formação do povo brasileiro, ou seja, após a invasão portuguesa. Baderna trazia em si dois pontos que busquei fortalecer para embasar meu exercício de *depoimento*: uma mulher artista branca e europeia no cruzamento com a negritude, num processo ético e estético, que teve como consequência a transformação de seu sobrenome num substantivo feminino, existente apenas no vocabulário brasileiro, de sentido depreciativo.

Rebolou – Desalinhou – Colapsou
Subverteu
Processo inevitável – Encontro antropofágico

---

3. Silverio Corvisieri, *Maria Baderna: a bailarina de dois mundos*. Trad. Eliana Aguiar. Rio de Janeiro: Record, 2001, p. 225.

Urgência nas ruas   teatro épico

teatro hip-hop
            depoimento   NBD

        Baderna   amizade   atriz(or)-MC   hip-hop

                                poética do prejuízo

                sampling

                        TAZ   acontecimento

Alimento para a alma – Modificação dos sentidos!!!
Ouviu o tambor e dançou – Ouviu o tambor e virou
No santo, no olhar...
Criou revoada no tempo
A "dança divina" – roubada
Maldição – Preconceito
Bumerangue que volta o tempo todo – Incessantes levantes
Fantasma da inconformidade – Baderna está nas ruas
Passeatas e protestos – fazendo barulho
Nos chega meio torta e às avessas
O que a retirou – à revelia – a inseriu na história.[4]

O primeiro exercício de *depoimento* sobre Baderna, que realizei em 2009, iniciava com uma fala numa rádio, na qual um radialista dizia que "baderneiros estavam invadindo as ruas e quebrando tudo". Ela aparece como um fantasma da história, na forma de um *corpo* encarquilhado, abandonado no tempo, tentando se comunicar. Alguns aspectos desses primeiros estudos traziam inquietações que se desenvolveram no processo de pesquisa. Do *depoimento* aberto ao público em 2009 até o espetáculo performático em 2014, o *corpo* encarquilhado, como uma história que ficou abandonada, perseguiu o imaginário deste *corpo-baderneiro* que foi sendo construído. Meu primeiro olhar foi romântico e eu enxergava uma figura frágil, uma personagem dramática que jamais resistiria aos próprios embates, que a ressignificaram na criação posterior.

Na exposição ao público do *depoimento* de Baderna em 2009, junto às(aos) outras(os) demiurgas(os) que buscavam seu lugar de fala na continuidade da pesquisa, ela carregava um certo sotaque italiano e um ar de inconformidade em suas falas, com trejeitos delicados, uma espécie de bailarina hip-hop. Ao ouvir os tambores, era tomada por um transe e realizava uma dança de um corpo desordenado no espaço.

Sua aparição nos exercícios públicos dos *depoimentos* despertou algumas "baderneiras" de plantão, que se deram ao trabalho divertido de reclamar sua continuidade.

---

[4]. Escritos do meu caderno de estudos de 2009.

acontecimento

depoimento

poética do prejuízo

NBD

TAZ

teatro épico

Urgência nas ruas

amizade

sampling

atriz(or)-MC

Baderna

teatro hip-hop

Quero reiterar meu voto pra Baderna, achei que ela é uma personagem que traz uma dimensão diferente, que ocupa um outro lugar. Ela aponta as faíscas da "resistência" e do "novo" como ameaça, incômodo através dos tempos e espaços... ela é um *insight*. Então fica meu manifesto: BADERNA FICA![5]

Se é para o bem de todos e felicidade geral da nação, diga ao povo que a BADERNA, balbúrdia, confusão, patuscada, súcia, alvoroço, bagunça, barafunda, desordem, desorganização, distúrbio, miscelânea, mistura, pandemônio, perturbação, rebuliço, tumulto, bambochata, bandarrice, beberronia, berzundela, boêmia, borga, brincadeira, bródio, comedela, comezaina, divertimento, farra, festa, festança, folga, folgança, folguedo, folia, franciscanada, funçanada, funçanata, função, funçonata, galhofa, galhofada, galhofaria, gandaia, gaudério, gáudio, gebreira, groma, guinalda, opa, pagode, pagodeira, pagodice, pândega, pangalhada, papazana, paródia, pepineira, ramboia, ramboiada, rapioca, rega-bofe, regalório, reinação, reinata, suciata, troça, bando, cacaria, cachorrada, cáfila, cambada, canalha, canzoada, caterva, corja, farândola, malta, mamparra, matilha, matula, matulagem, parranda, partida, quadrilha, récua, saparia, sequela, ralé, FICA![6]

Como em seu tempo, ela gerou um movimento, mas continuou no limbo, pois não ganhou votos suficientes para continuar na pesquisa, mas se manteve como um resquício, um escombro de matéria em meio aos conteúdos de uma atriz.

Baderna surge num processo de criação de personagem, mas se impõe mais adiante num ato político-performático. Uma relação íntima foi se instaurando, não entre mim e o ser que nunca conheci, mas entre uma atriz e os rastros deixados por uma existência que continha um tipo de liberdade que soava como "irresponsabilidade", mas que muito foi "responsável" por importantes deslocamentos dentro do contexto histórico em que atuava, os quais, em um futuro próximo,

---

5. Cibele Lucena, Facebook, 2009.

6. Daniel Minchoni, Facebook, 2009.

teatro épico
NBD   sampling
Urgência nas ruas
amizade

depoimento   poética do prejuízo

Baderna

acontecimento

TAZ

atriz(or)-MC

teatro hip-hop

seriam inevitáveis. Parecia que uma mensagem subliminar havia sido lançada pelo tempo, trazida pelo seu nome, transformado em substantivo feminino no português de um Brasil mal contado.

Baderna se apresentou aos meus sentidos como a melhor poesia que eu poderia ter lido, com metáforas perfeitas para acionar um ponto de vista sobre uma mulher consciente de que está numa terra Brasil que era, como ainda é, machista e racista. Fez com que eu reencontrasse o Núcleo Bartolomeu de Depoimentos de um modo particular na trajetória que se desenrolara até aquele momento.

Em 2014, como uma atriz-MC convocada a dar um *depoimento*, fui resgatar no espólio dos materiais de processos os conteúdos para responder ao contexto que se instaurava. E, como o levante de um *corpo* em disputa de discurso em uma estética de guerrilha, o espetáculo-intervenção **Baderna** aconteceu.

Naquele ano, vivíamos a especulação imobiliária e seu movimento cruel de expansão em São Paulo. A questão foi acirrada pela inserção de pontos artísticos na cidade. Lugares adaptados e organizados para receber o público, como o Instituto Brincante e o CIT-Ecum,[7] perderam suas sedes para incorporadoras, numa briga desigual mediada pelo capital.

A sede do Bartolomeu, na Pompeia, fez parte desse processo de desmonte. O espaço abrigou durante nove anos todo o nosso repertório. Sem sermos avisados, ele foi vendido, e a ordem de despejo não demorou a chegar. Entre os diálogos diários com os advogados, decidimos que ficaríamos ocupando a sede, pois se tratava de uma disputa de narrativas sobre a cidade.

Os espaços ao lado da nossa sede foram vendidos à Ink Incorporadora e seus associados, que

---

7. O Instituto Brincante é um espaço de conhecimento, assimilação e recriação das inúmeras manifestações artísticas tendo como foco a pesquisa e a reelaboração da cultura brasileira. cit-Ecum (Centro Internacional de Teatro) é um espaço dedicado a espetáculos de dança, apresentações musicais, *happenings*, palestras e eventos artísticos na cidade de São Paulo.

NBD

Urgência nas ruas   poética do prejuíz
                    amizade

    depoimento
                              teatro hip-hop

        atriz(or)-mc
                              teatro épico

        sampling

              TAZ   acontecimento

imediatamente iniciaram a demolição de nossos vizinhos. A sede passou a ser uma porta de garagem cercada por escombros. Foi nessa paisagem, que anunciava nosso inevitável despejo, que começamos uma ação de resistência. A companhia se mobilizou em debates abertos, reuniões e ações-manifestos[8] para explicitar a relação de poder autoritário que o capital estabelece. Inspirada por um *corpo*-baderneiro dancei nos escombros vizinhos para que se registrasse esse cenário.[9]

> De espírito jovem, [a Ink Incorporadora] nasce com o propósito de buscar o melhor de cada etapa do processo de incorporação e melhorar a relação das pessoas com a cidade.[10]

A incorporadora em questão carrega em seu *slogan* a ideia de relação entre as pessoas e a cidade. Não éramos os únicos ameaçados por essas falsas ideias vindas de organizações imobiliárias, mas entendíamos a importância de denunciar o acontecimento para promover um debate sobre a cidade. Como dizia Eugênio Lima: "O que está em jogo não é o Núcleo Bartolomeu de Depoimentos, mas a cidade em que queremos viver!".[11]

Sabíamos que a luta era desigual, mas as manifestações serão sempre a tentativa de dialogar e buscar transformações em um futuro próximo. Assim, é importante contar aqui que as ações realizadas naquele período por diversos coletivos artísticos pressionaram um diálogo com a instância pública e, no ano seguinte, em 2015, conseguimos a regulamentação das Zepecs (Zonas Especiais de Preservação Cultural),[12] um instrumento importantíssimo para o exercício da democracia que assegurava e resguardava os espaços culturais. Trata-se de uma importante

---

8. Cronograma das ações: 14/8: lançamento do manifesto no Zap! Slam; 15/8: lançamento e compartilhamento do manifesto nas redes sociais às 11h da manhã; 22/8: panfletagem das 11h às 15h com colagem de lambe-lambes pelo bairro; 27/8: debate: "A cidade que queremos"; de 5 a 6 de setembro: vigília-manifesto; 19/9: estreia do espetáculo-intervenção *BadeRna*.
9. Vídeo-performance em parceria com a artista visual Vic Von Poser. Disponível em: <https://vimeo.com/143476403>.
10. Chamada no site da Ink Incorporadora, 2018.

11. Trecho retirado do manifesto lançado em 2014.
12. Zepec-APC (Zona Especial de Preservação Cultural e Áreas de Proteção Cultural): medida prevista no Plano Diretor Estratégico que hoje auxilia os grupos a manter suas sedes.

Urgência nas ruas

amizade

atriz(or)-MC

TAZ

teatro épico

poética do prejuízo

NBD

acontecimento

depoimento

teatro hip-hop

sampling

vitória pois, quando se fecha um teatro, fecha-se um lugar de convivência na cidade, é a subtração de mais um espaço público.

A sobrevivência do grupo, assim como a de nossa sede, estava ameaçada, e a criação de um espetáculo não era uma estratégia levantada pelo coletivo. As associações com a história de Baderna pareciam pertinentes ao momento: um *corpo* que decide agir perante um contexto nada favorável à sua existência. Esse foi o motor que fez com que eu revisitasse algumas anotações e imagens para criar, a princípio, uma *performance-depoimento*.

O roteiro de ações foi se dando paralelamente aos acontecimentos diários do iminente despejo. Como um movimento político e ao mesmo tempo poético, a figura de Baderna foi mobilizando algumas ações, como danças nos escombros e minipoesias, que reverberavam cada vez mais numa vontade de organizar esses materiais para um *depoimento* de Baderna sobre aquele contexto. Anunciei ao grupo que eu estava em pesquisa de um *corpo-baderneiro*. E, com a experiência de uma atriz-MC – que se autorrepresenta em contexto histórico na contundência do discurso, tornando-se narradora da realidade na qual está inserida –, iniciei a elaboração de um espetáculo utilizando os procedimentos do exercício de *depoimento*.

O Núcleo Bartolomeu de Depoimentos esteve junto em todo o processo. Roberta Estrela D'Alva trouxe seu olhar exigente e companheiro na direção; Claudia Schapira, sua poética na escrita e no figurino; e Eugênio Lima desenhou os sons a partir de sonoridades (respirações, melodias e ruídos produzidos com a minha voz) que fui captando no meu celular desde que intuí esse processo criativo. E assim dei início à criação do que eu chamei de um corpo-baderneiro, a busca de uma *corporalidade* trazendo em sua representação o choque que Baderna causou ao colocar o lundu numa apresentação de balé clássico, através de uma

sampling

Urgência nas ruas   teatro épico

                                     atriz(or)-MC
acontecimento

        amizade   TAZ

        depoimento   teatro hip-hop

   poética do prejuízo

                       NBD

atriz-mc que tem como repertório performático a dança de rua como discurso dentro do teatro hip-hop.[13]

E, assim, em meio às ações políticas que estavam ocorrendo em torno da possível perda do nosso espaço, eu me organizava diariamente para criar e ensaiar algo para apresentar ao coletivo, como sempre fazíamos em nossos processos. Por vezes, a potência de minha fala se esvaía, e os acontecimentos de uma disputa que se acirrava a cada dia pareciam ser mais concretos que qualquer coisa que eu tentasse elaborar.

Um dia, sozinha na sala de ensaio, olhei para o espaço e achei realmente estranho eu estar ensaiando enquanto estávamos sendo despejados, sabendo que aquele lugar em breve não existiria mais. Ele já era uma memória, uma ruína. Fiquei emocionada e comecei a chorar. Um choro com uma sapatilha na mão e um pseudofigurino me remeteram ao ridículo de uma cena dramática nada pertinente à ocasião. Realmente patético. Tratava-se de um outro território de ação, onde não há tempo para "o drama". O distanciamento reflexivo que expõe a urgência (como narrei no capítulo anterior em nossas ações nas ruas) aciona uma estética de guerrilha que a partir dessa vivência passei a chamar de *poética do prejuízo*.

Retomei, então, a criação frente à incoerência dos fatos, com a consciência que move o imaginário numa construção simbólica. Olhei novamente para o espaço e a vontade era de quebrar tudo, derrubar as paredes antes de qualquer incorporadora. Estava em jogo a existência ou não de um espaço de encontro e, assim, de possibilidades de troca de experiências. Acordei no dia seguinte ligando para cada uma(um) das(os) integrantes do grupo perguntando se eu poderia quebrar de verdade as paredes do espaço e assim eu teria o cenário para pesquisar a performance: os escombros. Todas(os) estávamos em protesto

---

13. Contei com a provocação de Luis Arrieta para vislumbrar a dança clássica na encenação; com Cristiano Meirelles tive aulas de danças brasileiras em que pude me aproximar dos movimentos do lundu; e Flip Couto foi meu parceiro na estrutura da dança de rua. Andrea Drigo fez a preparação e o desenho vocal; Bianca Turner, direção de arte; e Alan Gonçalves trouxe seus tambores para a evocação deste *corpo*-baderneiro.

NBD

Urgência nas ruas

teatro épico

depoimento

amizade

teatro hip-hop

acontecimento

TAZ

atriz(or)-MC

sampling

e angustiadas(os) com a pressão que nos rodeava, e a "quebradeira"[14] da sede virou mais uma das ações político-estéticas daquele momento. Um dia de amigas(os)-baderneiras(os) com marretas na mão para literalmente arrebentar as paredes. O futuro escombro que se daria com a perda da sede se presentificou como cenário, e quebrar o espaço tornou-se uma intervenção que depois se estenderia como uma ação no espetáculo, onde, a cada apresentação, a "chegada" de Baderna se dava numa revoltosa dança que terminava com marretadas nas paredes da sede.

O que inicialmente parecia o processo de uma atriz em um workshop foi virando um espetáculo que falava de despejo, do desprezo pela figura transgressora da bailarina Maria Baderna, assim como o desprezo por nossa própria história. Até hoje faço esse espetáculo, e sempre o entendo como uma narrativa perpassada por outras tantas narrativas de um Brasil "mal contado" e seus complexos e violentos processos e, entre poesia, dança, música e palavra, o espetáculo-intervenção propõe um território performático para a discussão da cidade, seus poderes e hábitos que desejam e instauram uma paralisia humana perante um progresso estabelecido pelos mármores, portões e câmeras de segurança.

Cada vez mais creio que é preciso desenterrar os levantes que foram soterrados pela história oficial. O *corpo-baderneiro* veio para performar em resposta a uma autoridade, assim como em 1850 não se permitiu aprisionar por senhores de escravos.

BadeRna[15] retomou um espaço de improviso na encenação do grupo, como nos tempos das intervenções urbanas do projeto *Urgência nas ruas*. Esse território de experiência foi se instaurando não só pelo tempo curto de elaboração, mas por estar diante do público uma atriz que a cada dia se colocava em processo de reflexão sobre o contexto no qual a encenação estava inserida.

---

14. Registro em vídeo disponível em: <https://vimeo.com/106832843>. Acesso em: 16/11/2023.

15. Escrito com o B e o R maiúsculo, referenciando a sigla do Brasil.

depoimento

NBD

atriz(or)-MC

sampling

acontecimento

teatro épico

TAZ

amizade

teatro hip-hop

A figura de Baderna como eixo de uma ação artística perambulou meu imaginário por alguns anos, mas a criação do espetáculo aconteceu em pouco tempo, dando vazão a uma dramaturgia lacunar, cheia de frestas, que buscavam um encontro direto com o momento presente. O risco concreto de perder o espaço, um teatro, estava exposto em cena através do risco de uma atriz na experiência de um roteiro. Havia uma precariedade que simbolizava todo o contexto. Não era um espaço elaborado para representar algo, era uma sede em desmanche real. Não era a personagem que narrava um conflito, mas um conflito que instaurava a desarticulação de uma narrativa linear e que, junto à sobreposição de imagens daquele espaço, daquele grupo e da história de Baderna recolhidas na memória daquela atriz, criavam camadas a serem resgatadas e conectadas a cada espetáculo, resultando num "perigo cênico" que refletia o "perigo real".

Mapeando os passos de um *corpo* que, desde o começo da pesquisa do teatro hip-hop, esteve em *depoimento* reverberando as inconformidades, chego agora a um momento sincrônico desta dissertação: o olhar para trás para orientar os anseios do presente. O espetáculo *BadeRna*[16] acionou um tipo de *corpo*, sempre agente da ação cênica, no centro da criação numa disputa de contexto real. O depoimento da atriz-mc estava encarnado no espetáculo-intervenção, sendo a mestre de cerimônias a sujeita em processo dos *acontecimentos*. Um corpo político em uma *poética do prejuízo*.

O *corpo*-baderneiro: a encenação da experiência

Todos os espetáculos do Núcleo Bartolomeu de Depoimentos, por terem em vista uma pesquisa estética, a saber: o teatro hip-hop, sempre tiveram em seus processos muitas experimentações e discussões na elaboração de cada camada que seria exposta, buscando não haver hierarquia entre as

---

16. Registro em vídeo do espetáculo-intervenção *BadeRna* disponível em: <https://vimeo.com/123946920>. Acesso em: 16/11/2023.

sampling

NBD atriz(or)-MC

amizade teatro épico

teatro hip-hop acontecimento

TAZ

depoimento encontro

áreas envolvidas na criação. Música, texto, *corpo* sempre foram territórios de discursos em si e em diálogo com o entorno. Com o tempo, cada integrante foi aprimorando seu olhar para uma dessas áreas da encenação, a partir de suas aptidões e vontades.

A dramaturgia de Claudia Schapira veio, desde o início, em rimas e na construção de frases que exigiram estudo das métricas para que pudessem ser faladas pelas(os) atrizes(ores)-mcs, que resultou no desenvolvimento da linguagem do *spoken-word*,[17] processo explicitado nos estudos teóricos de Roberta Estrela D'Alva acerca da performance do ator-mc, assim como em sua prática, na condução do grupo no aprimoramento da *palavra falada*. Na criação sonora, com os discos do dj Eugênio Lima, a música ganhou lugar de texto em diálogo direto com as(os) atuantes.

E o *corpo* é o campo onde fui dedicando meu olhar na criação das coreografias e no desenho dos gestos em diálogo direto com a dança de rua e outras linguagens corporais que se mostravam pertinentes a cada concepção.

Mas foi no espetáculo *BadeRna* que o estudo *corporal* disparou a ação e ganhou o centro da cena; o *corpo* como o território da pesquisa e o entorno se organizando em consequência desse *corpo* em movimento. O espetáculo apresentava-se quase como um experimento *corporal* em sinestesia com o espaço cênico e com o contexto histórico. Um *corpo* em discurso, como resposta às provocações do mundo, estava em cena acionado por sonoridades e vozes. Um *corpo* que não buscava a representação, mas rastreava um roteiro aberto ao território dos sentidos. Assim, longe dos procedimentos dramáticos que abarcariam a criação de cenas para a apresentação de um *corpo* de uma personagem, este processo abarcou outros procedimentos e dinâmicas na

---

17. Literalmente "palavra-falada", ou conceitualmente "poesia falada", *spoken word* é o nome dado a um tipo de performance no qual as pessoas recitam textos. Pode acontecer com ou sem acompanhamento musical e tem representantes de diversas áreas, tais como: escritores, dramaturgos, atores, poetas, artistas plásticos, músicos, mcs, entre outros.

depoimento

TAZ

encontro

NBD

atriz(or)-MC

teatro hip-hop

amizade

teatro épico

acontecimento sampling

preparação do *corpo* de uma atriz-performer que, neste contexto, se torna insubstituível, já que ele era o dispositivo e ao mesmo tempo o território da ação.

Era meu o *corpo* que experimentava as operações daquele impulso que ele mesmo gerou ao decidir realizar uma intervenção no espaço. Não foi a vontade de fazer um espetáculo solo que me conduziu até aqueles ensaios, mas a existência de um *depoimento* que não tinha terminado e estava desenhando seu percurso de maneira singular, planando entre memórias e contextos, buscando lugar de pouso. O processo de *BadeRna* trouxe um aprendizado que instaurou em meu *corpo* uma sensação do início do grupo, algo estava recomeçando. Aquele momento se apresentava como um território novo, mas só era possível porque tinha um passado que ancorava o acontecimento. Havia um consentimento que provinha não só do histórico do trabalho continuado, mas sobretudo da **amizade** entre os membros daquele coletivo, que possibilitou ao meu *corpo* atuar naquele experimento "com-sentimento" de que ele tinha de existir.

> Nessa sensação de existir insiste uma outra sensação, especificamente humana, que tem a forma de um "com-sentir" (*synaisthanesthai*) a existência do amigo. A amizade é a instância desse com-sentimento da existência do amigo no sentimento da existência própria. Mas isso significa que a amizade tem um estatuto ontológico e, ao mesmo tempo, político. A sensação do ser é, de fato, já sempre dividida e com-dividida, e a amizade nomeia essa condivisão. [...] A amizade é a condivisão que precede toda divisão, porque aquilo que há para repartir é o próprio fato de existir, a própria vida. E é essa partilha sem objeto, esse com-sentir originário que constitui a política.[18]

A reflexão sobre a amizade traz em si tanto um conteúdo de importância fundamental na história de nossa companhia, quanto a realização

---

18. Giorgio Agamben, *O amigo & o que é um dispositivo?*, trad. Vinícius Nicastro Honesko. Chapecó: Argos, 2014, pp. 67 e 71.

sampling

teatro hip-hop

NBD

acontecimento

depoimento   atriz(or)-mc

teatro épico

encontro

TAZ

do projeto que estou descrevendo neste capítulo. *BadeRna* foi fruto de um *impromptu* de uma pessoa em trajetória de discurso, um insight que conectou as necessidades do "fazer" e do "como fazer". E só pude cumprir essa meta, que eu mesma me coloquei, porque faço parte de um coletivo artístico e de amigos, o que gera uma sincronia que abre a possibilidade de experiências de ação no tempo-espaço, que é pura política em movimento.

Eu estava no processo de organização dos conteúdos cênicos quando a Roberta Estrela D'Alva sugeriu que, para que pudéssemos concretizar o trabalho que estava na minha cabeça, era preciso descrevê-lo, cada imagem, cada ação com detalhes. Escolhi algumas imagens e pontos de interesse e escrevi uma espécie de dramaturgia que abarcasse conteúdos de memórias, ligando-os ao contexto ao qual estávamos expostos. E descrevi com detalhes a trajetória de um *corpo* que ia se organizando num espaço em ruínas.

PRIMEIRA PAISAGEM: ESCOMBROS

Ouvem-se gemidos como se saíssem das paredes. No canto esquerdo do palco, veem-se as costas de um corpo "encarquilhado", aparentemente um corpo sobrevivente. Suas costas se movem num tempo contínuo como se estivesse lá há 500 anos. Um refletor cai do teto em ruína. Com ele acende-se uma fresta de luz. O corpo então se move até a fresta de luz como se buscasse o Sol, o calor. Acende-se outro refletor e o corpo repete o movimento em direção à luz, e essa ação acontece mais umas duas ou três vezes. Durante essa trajetória, vai se revelando a silhueta de uma bailarina enferrujada. De repente, ela bate em alguma coisa. A luz, aos poucos, revela uma mesa de DJ caída com um toca-discos. Ela coloca a agulha no disco que começa a tocar *O lago dos cisnes*, de Tchaikóvski. Como se reconhecesse a melodia, a silhueta da bailarina começa a se virar para a plateia e, aos poucos, consegue ir soltando a sua musculatura, como se a música fosse um óleo lubrificando as partes enferrujadas. Esboça alguns passos de dança clássica.

NBD
encontro
teatro épico
teatro hip-hop
atriz(or)-mc
depoimento
TAZ
sampling
acontecimento

Quando está de frente, vemos que em seu corpo está pintada uma roupa de bailarina. Ela tenta falar, mas sua voz também está enferrujada. A bailarina encarquilhada, como um cisne assustado, vai até um dos microfones que está em um pedestal. O microfone bate na altura do seu coração. Para falar, ela faz *plié* e, quando sua boca chega à altura do microfone, ouvimos um sussurro de sua voz, que parece pedir ajuda ao mesmo tempo que tenta nos perguntar alguma coisa. A música que a acompanhava até então começa a ter algumas interferências e a se repetir como um disco riscado, e isso vai ficando cada vez mais irritante, até que a bailarina não suporta mais e, num impulso, desliga o primeiro cabo que vê. Silêncio. É como se algo tivesse entrado na cabeça da bailarina que, atordoada, tenta se organizar, mas seu corpo quase não consegue parar em pé. Vozes. DANÇA DA CABEÇA: todos os movimentos devem partir do impulso do crânio. Dores, enjoo, tontura. Ela consegue parar minimamente o corpo, segurando sua cabeça como se estivesse com uma grande enxaqueca. Depois de tantas frases e palavras fragmentadas, uma frase é finalmente compreendida:

– *Tem uma* BADERNA *na minha cabeça!*[19]

Esse parágrafo, que introduzia o roteiro a ser rastreado, trazia a primeira imagem que construí de um *corpo-baderneiro*. As imagens que apareciam na descrição do roteiro inicial eram resquícios do percurso que vinha desde 2009, quando do primeiro encontro com o material sobre a vida da bailarina, em conexão com os acontecimentos que se apresentavam a cada dia. A quebradeira do espaço, por exemplo, que revelou o lugar da ação, gerou consequências cênicas que não estavam previstas nas imagens iniciais. No dia em que interviemos na arquitetura com as marretas abrindo rombos, provocando rachaduras nas paredes, retiramos também as grandes tábuas que estavam no chão daquele galpão (e que deviam estar ali há uns vinte anos, no mínimo). Encontramos um chão de

---

19. .Luaa Gabanini, roteiro de *BadeRna*, 2014.

NBD
depoimento
encontro
teatro épico
atriz(or)-mc
TAZ teatro hip-hop
sampling
acontecimento

areia. Achei lindo. Trazia uma ideia de beira de mar, uma praia em torno de um pedaço de chão de madeira que restou no meio, formando um minipalco central. Era perfeito. Mas o acúmulo de ácaros e de pó, vindo das paredes quebradas e do chão, gerou um ambiente inóspito, onde era difícil respirar. No mesmo dia, ao anoitecer, fiz meu aquecimento diário e ensaiei naquele espaço-escombro. Quando acabou, eu estava afônica. Ficou impossível ensaiar lá. Passei o dia seguinte em reflexão, questionando as estratégias, os impulsos desse processo criativo. Liguei para um amigo, o artista e arquiteto Líbero Malavoglia, que me ajudou a planejar a cimentação daquele chão. Passei a madrugada seguinte cimentando ao redor das poucas madeiras que restaram no espaço. Sinto que foi o "assentamento"[20] daquele ato cênico. Melhorou um pouco a qualidade do ar, mas essa situação provocou uma resposta na intervenção artística, uma *poética do prejuízo*, que foi a entrega de uma máscara respiratória a cada uma(um) da plateia, e também trouxe para meu aquecimento trinta minutos de inalação antes de entrar em cena.

O fato de os acontecimentos diários cruzarem os ensaios, gerando relações com a cena que está sendo criada, é algo que se dá em muitos processos de criação. Nos dois meses que antecederam a estreia de *BadeRna* os acontecimentos não só se conectavam com os ensaios, mas invadiam-nos. Foi preciso ter foco e muita disponibilidade para entender os graus de importância, pois tudo era um motivo contundente para interromper o espaço-tempo destinado à elaboração cênica. O mais honesto foi dialogar diretamente e trazer os "problemas" para o centro da ágora. Era preciso um "espírito improvisador" sobre a concretude dos acontecimentos, o que foi gerando uma abertura para compartilhar com o público mais essa lacuna, trazendo a improvisação para dentro da concepção. A cena "Chegada da atriz: improvisação, fluxo de ideias" buscou refletir esse impasse,

---

20. O assentamento geralmente é utilizado em locais onde há trabalhos espirituais constantes, pode ser feito para um orixá específico ou para uma linha de trabalho, visando a defesa energética.

encontro
NBD
sampling
depoimento
teatro hip-hop acontecimento
teatro épico
atriz(or)-MC TAZ

abrindo uma fresta na narrativa, dando espaço a um momento de improvisação a partir de um roteiro base que iniciava uma das cenas: um texto em italiano é falado, referenciando a bailarina Marietta Baderna, quando ruídos de britadeiras e outros sons de construção interrompem a cena e inicia-se uma fala no microfone:

> QUARTA PAISAGEM: CHEGADA DA ATRIZ, IMPROVISAÇÃO, FLUXO DE IDEIAS
>
> – Muitas coisas interrompem nossos dizeres, dificultam nossa continuidade. Essa cena eu coloquei para eu poder falar, e tenho três regras: tenho que chegar a cada dia em cinco palavras e, depois de ter passado por elas, posso ir finalizando esta cena, mas não posso parar de falar, tenho que ficar em fluxo, falar alinhando uma palavra depois da outra, como se estivesse costurando como uma linha invisível, como um cordão que não tem fim, como um cordão umbilical, que vai de mim para minha mãe, da minha mãe para minha avó, da minha avó para minha bisavó e vai indo até o centro da Terra, acho que é disso que sempre estamos falando, de onde estamos, da Terra... (segue em fluxo de fala)[21]

E assim seguia falando durante um tempo ilimitado, numa experiência de fluxo de raciocínio em compartilhamento de elaboração compartilhada com a plateia, que podia se manifestar com perguntas, que seriam eventualmente respondidas. A cada estímulo, a fala podia mudar de destino, percorrendo caminhos novos a cada dia, assim como os acontecimentos que nos circundavam naquela ocasião. Matéria-prima *corpo* sendo moldada com matéria-prima vida num território de embate que faz emergir um *corpo* em *gerúndio* que se coloca em ação contínua, num processo de contaminação que resulta numa *poética do prejuízo*.

Após uma semana do encerramento das apresentações, a narrativa que se desenrolava naquela disputa de território simbolizada no *BadeRna* invadiu o território concreto. No dia 27 de novembro

---

21. Luaa Gabanini, roteiro de *BadeRna*, 2014.

encontro

teatro épico

depoimento

atriz(or)-MC

NBD

acontecimento

sampling

TAZ

teatro hip-hop

de 2014 fomos despejados, vivenciando uma coerção de quase 24 horas consecutivas. Polícia, advogadas(os), representantes públicos, coletivos e aliadas(os) das artes estiveram representando seus papéis e suas escolhas, numa "cena real" de embate. Mais uma vivência *corpo-a-corpo*, de total **engajamento**, disputando o lugar de existência. Nenhum argumento, ação, fala ou manifesto atravessava a lógica do capital. O "público" perdeu. O "privado" ganhou. O som da britadeira que interrompia a cena no espetáculo ganhou volume no bairro da Pompeia e, às dez horas da manhã do dia seguinte ao despejo, já não havia mais teto. De cima só se viam os escombros de um teatro.

> Máscaras cirúrgicas distribuídas na bilheteria amenizavam o ar fétido, úmido e empoeirado que nos esperava na sala do galpão Bartolomeu, em meio à sua demolição. A própria produção do espetáculo tinha lastimado propositadamente tal ocorrência não só para ambientar a proposta teatral senão, e principalmente, para contar a to-

dos nós do processo de despejo que sofriam por causa do arrasante empreendimento imobiliário que estava lançando-se nesse local que antanho fora bairro popular tranquilo e hoje se transformara em novo ponto burguês da cidade.

As paredes tinham recebido palavras e frases grafadas com *color-jet* tentando criar a atmosfera de beco sem saída, angústia e revolta, à que a peça queria nos conduzir.

Luaa, que era mais um objeto estranho entre todos os trastes esparzidos pelo palco destruído e sujo, nos recebia inumana e disforme emitindo lamentos gemidos dores desde um corpo bicho sem boca. [...]

Seu grito era um protesto ante as formas erguidas e adquiridas da dançarina europeia que agora serviam de escusa para berrar sob a sombra descomunal projetada pela ameaçadora nova construção.

Martelo em mãos e unhas afiadas queria ferir as paredes meio derruídas da sala deixando nelas os últimos traços agonizantes da sua não aceitação.

Baderna tinha-se transportado no tempo e no espaço para o galpão do bairro da Pompeia para

NBD

encontro

atriz(or)-MC

sampling

acontecimento

teatro épico

engajamento

depoimento

teatro hip-hop

TAZ

destruí-lo com a sua própria dança sacra e profana antes que as poderosas garras especulativas e mercantis o maculassem.

Frente a toda esta baderna de poeira, roupas, escombros, sapatos de ponta, maquiagem escorrida e merda, uma luz limpa de refletor teatral atravessou o palco sombrio derramando-se sobre o corpo de Luaa suspensa num balanço projetando sua sombra – a sombra da Baderna – também imaterial e também suspensa sobre os últimos instantes da parede lateral da cena, deixando gravada para sempre a imagem da poesia incansável e heroica que morará imaterial e eterna na argamassa do novo empreendimento imobiliário da rua Augusto de Miranda.[22]

---

22. Luis Arrieta, *Revista Dança Brasil*, São Paulo, n. 276, dez. 2014, p. 34.

NBD
encontro
atriz(or)-MC

teatro épico

engajamento

acontecimento

TAZ
depoimento
sampling
teatro hip-hop

#manifesta_ação (2014)
A arte de sediar existência: manifesto em defesa do território artístico-cultural

Já é bastante difícil viver em uma sociedade que iguala o direto à vida ao direto à propriedade. Viver em uma sociedade onde, segundo a lei, liberdade e propriedade são garantias igualmente invioláveis sem nenhuma distinção.

E é bem pior (ou muito mais arriscado) quando o direito à propriedade se transforma na eliminação de todos os outros direitos. Quando um "negócio" vira a mercantilização da vida. Quando um "empreendimento" significa expulsão, exclusão. Quando "incorporar" é sinônimo de destruir o patrimônio cultural comum. Quando um apartamento é justificativa para apartar.

O pleno exercício dos direitos culturais e artísticos (e suas formas de expressão) é garantido constitucionalmente e considerado em sua natureza material e imaterial. Faz parte do rol que se convencionou chamar de patrimônio cultural brasileiro.

Não é possível que o direito aos bens de mercado de poucos sejam mais importantes que o patrimônio cultural de muitos. Sem cultura não há sociedade. Sem memória não há o que partilhar.

Nós, do Núcleo Bartolomeu de Depoimentos, dizemos não a essa lógica indigesta e convocamos um debate público sobre as maneiras de proteger a memória e as formas de criação estética materializadas no território cultural dos espaços-sedes dos coletivos artísticos da cidade de São Paulo.

NBD
depoimento
encontro

atriz(or)-MC
teatro épico
engajamento

acontecimento

TAZ

sampling   teatro hip-hop

No nosso entender, não é admissível que os grandes empreendimentos imobiliários destruam o patrimônio cultural dos grupos e sua troca com a cidade, e não proponham nenhum tipo de reparação.

Assim como não é admissível que os empreendimentos cheguem como um "aparato invasor" e não dialoguem com o entorno ou com seus ocupantes. Não há negociação. Há, sim, expedientes que privatizam a discussão, apartando a sociedade e a cidade do debate e alijando os moradores de seu próprio bairro.

É preciso perceber que o que está em jogo é a cidade que queremos. Toda vez que se fecha um espaço-artístico, um projeto de interesse público morre em detrimento de um projeto de interesse privado (que prevalece, modifica todo o entorno e sumariamente destrói, naquele território, a troca entre a cidade e a arte, apagando a memória e a criação estética e política daquele lugar).

Qual é o projeto de cidade desses empreendimentos? Qual é a função social dessa arquitetura?

Qual é o diálogo que existe entre a história do território e esses "prédios"? E, sobretudo: o que cidade recebe em troca de tal iniciativa?

É de notório conhecimento que o ato de permutar equivale à troca de uma coisa por outra. Ora, esse ato passou ser uma ferramenta eficiente de mascarar a falta de respeito ao direito de escolha de todo e qualquer inquilino, impossibilitando a resistência (ainda que ínfima) à destruição. O que está em jogo é uma cidade.

Diante de tudo isso e, sobretudo, por acreditar que a pólis ainda é possível, que a rua é mar sem fim e que a cidade é o espaço comum para o convívio dos diferentes, nós, do Núcleo Bartolomeu de Depoimentos, afirmamos publicamente que iremos abrir o diálogo com a sociedade através de eventos públicos na nossa sede e em seu entorno e que, mesmo diante das ameaças de despejo, permaneceremos aqui, na tentativa de garantir a nossa existência.

encontro

NBD

atriz(or)-MC

teatro épico

engajamento

sampling

acontecimento

TAZ

depoimento

teatro hip-hop

Vamos publicamente exigir reparação para que tudo não seja visto apenas como uma "questão de mercado" e para que os territórios artísticos culturais possam existir em sua plenitude.

TER SEDE É SEDIAR NOSSOS SONHOS.
TER SEDE É TER SEDE DE TRANSFORMAÇÃO.
TER SEDE É CONSTRUIR O IMAGINÁRIO CONCRETO.
TER SEDE É TER ONDE POUSAR.

"Porque não existe outro pouso nem outro lugar de sustento…" Acreditando que a melhor maneira de lidar com o conflito é torná-lo público, convocamos a quem se sentir tocado a se juntar a nós nesta Odisseia. Quem sentir verá. Quem sentir será.

NÚCLEO BARTOLOMEU DE DEPOIMENTOS

encontro NBD   depoimento
sampling

engajamento

                                teatro épico
        teatro hip-hop
                                acontecimento

                                TAZ

                atriz(or)-MC

O *corpo*-gerúndio: cartografia de uma experiência

> Corpo é movimento e mobilidade. O chamado é por uma ativação do corpo como potência relacional, uma tomada de consciência ativa de que nossas dramaturgias não apenas participam de um determinado contexto, mas criam "estilo de vida" e "situação política".
>
> ELEONORA FABIÃO

Reinaldo Maia nos faz lembrar que o teatro é uma arte de resistência que funciona, por vezes, como um trabalho de base, feito entre pessoas para pessoas, tendo impacto principalmente em sua continuidade em determinado contexto:

A experiência teatral ainda é um agente poderoso para nos alimentar o espírito e provocar o pensamento. O século XXI é uma realidade, os avanços tecnológicos são superiores aos previstos pelas "ficções científicas" há cinquenta anos, mas o teatro, essa arte efêmera, continua a nos sugestionar, a nos revelar a sociedade e o Homem. Não importa que seja em doses homeopáticas, isto é, quarenta espectadores por sessão. O que importa não é a quantidade, mas a qualidade da comunicação.[1]

A perda da sede de um grupo artístico é a desmobilização de um ponto que propicia o encontro de pessoas que saem de suas casas para ir até um lugar para assistir a um *acontecimento* ao vivo.

---

1. Reinaldo Maia in: Núcleo Bartolomeu de Depoimentos, *A palavra como território: antologia dramatúrgica do teatro hip-hop.* São Paulo: Perspectiva/ Cooperativa Paulista de Teatro, 2022, p. 115.

NBD

atriz(or)-MC

engajamento

depoimento

encontro

teatro épico

sampling

acontecimento

teatro hip-hop

TAZ

O impacto do despejo e a demolição em menos de 24 horas de nosso teatro estabeleceram uma linha divisória entre os processos que vieram antes e depois dessa vivência.

O assunto do despejo criou o *corpo* cênico de *BadeRna*. Logo na sequência, o *corpo* de cada integrante do Núcleo Bartolomeu de Depoimentos vivenciou o despejo real. Sabíamos que iríamos sair, mas a concretude dos fatos, com o teor de violência das ações, potencializou as duas experiências: a perda da sede e a criação do espetáculo. Um impacto que me instigou a rastrear ainda mais a cena como um lugar propício para potencializar a vida.

São as vivências narradas até aqui que me trouxeram a este presente de escrita e que fizeram com que minha pesquisa saltasse do olhar da atriz do palco para um *corpo* pronto para agir em algum lugar: o borrar das fronteiras entre vida e obra, cenário e arquitetura, tempo e roteiro, conduzindo a busca de algo "entre", mas que também atravessasse e contaminasse as(os) emissoras(es) e receptoras(es) que compartilham um ato. Como um chamado aos sentidos que me estimularam a ser artista e a adentrar uma experiência intensa de um grupo de teatro de pesquisa continuada nas últimas duas décadas, sigo buscando permear com um olhar performático essa linha dos acontecimentos, um *corpo-gerúndio* rastreando os impulsos e resultados, tendo o ponto de vista da experimentadora que continua em movimento.

A principal característica do *gerúndio* é que ele indica uma ação contínua, que está, esteve ou estará em andamento, ou seja, um processo não finalizado. Adentro este último capítulo sem o anseio de fechar uma narrativa, mas pretendendo continuá-la até onde esta escrita alcançar, deixando reflexões que seguirão seus destinos, rumo a acontecimentos futuros. É inevitável que assim seja. E como atriz-mc portadora de histórias, sigo mapeando os acontecimentos, como uma *cartografia das experiências*, trazendo a formulação *corpo-gerúndio* como uma resultante neste presente criativo.

sampling

teatro hip-hop

encontro

TAZ   depoimento

engajamento

teatro épico

atriz(or)-MC

corpo-gerúndio

acontecimento

Acontecimento

Refletindo sobre a potência de uma ação artística, qual a ligação entre: Antonin Artaud, Andy Warhol, Arthur Bispo do Rosário, Marina Abramović, Renato Cohen, Laurie Anderson, *body art*, John Cage, Living Theater, Itamar Assunção, Frente 3 de Fevereiro, Movimento Arte Pela Democracia, Isadora Duncan, La Fura Del Baus, Meredith Monk, um *slammer*,[2] Ivald Granato, Denise Stocklos, Pina Bausch, Desvio Coletivo, Kazuo Ohno, um *b-boy* ou uma *b-girl*, Teatro da Vertigem, Pollock e tantos outros conhecidos ou desconhecidos que cruzaram períodos históricos? O que eles têm em comum? O romper de uma narrativa lógica? A busca de lugares alternativos? A loucura? A improvisação? A espontaneidade? A criação de *sketches* ou *happenings*? A duração de seus atos? O rompimento das convenções? A busca do real? A aleatoriedade? Qual a linha invisível que transpassa suas ações? Um abismo, uma fresta ou um não lugar-comum em que todos são acariciados pelo título "performance" por terem disparado um *acontecimento*?

De algum modo, os artistas acima romperam o tempo e o espaço, o andamento do cotidiano, buscando criar algo de impacto, com capacidade de catalisar uma ação para o aqui-agora, resgatando a percepção para o momento presente, em que o ato acontece, e também para o contexto histórico no qual estavam inseridos. Uma rachadura no tempo, adentrando com mais potência e risco o campo dos sentidos. Assim, esse *corpo* humano artístico que está em ação cênica deseja atravessar o *corpo* humano espectador, instaurando um território dos sentidos, retirando-o do seu lugar de mero receptor.

Esse espaço de troca onde os sentidos são convocados a participar é uma das qualidades inerentes à arte: a de ser algo feito de um ser humano para outro ser humano, em que os afetos são transformadores da realidade. A busca do *acontecimento* equivaleria a contaminar cada vez

---

2. *Slammer*: nome dado aos poetas que participam de *poetry slams*.

corpo-gerúndio

depoimento

sampling

teatro épico

encontro

atriz(or)-mc

engajamento

TAZ   teatro hip-hop

acontecimento

mais a criação cênica com essa qualidade de um ato performático, buscando ampliar a comunicação, trazendo a presença humana para a frente da ação. Sendo a arte uma "linguagem" interdisciplinar, suas fricções podem criar campos de experimentação, reorganizando-se de acordo com as vontades e necessidades artísticas. E o *corpo*, sendo o instrumento de comunicação que se apropria de lugares, situações e objetos – quase sempre naturalizados e socialmente aceitos –, pode buscar sua ação estabelecendo outros usos e significações.

A palavra *acontecimento*, recorrente no campo da performance, é resgatada aqui na busca de um *corpo-gerúndio* dentro de uma teatralidade que caminhará para uma estética de revelação do agora, tendo como enredo os conflitos da própria vida. E como a vida – que muda a cada segundo – é a força motriz dessa *poética* em pesquisa, ter um roteiro em vez de uma dramaturgia fixa, ter mais espaços para dispositivos que possam ser acionados dependendo de como está se dando a ação, ou dependendo do que aconteceu no mundo naquele dia, serão variáveis que potencializarão novas narrativas no espetáculo. Isso pode trazer uma sensação de inacabado ao contexto das ações físicas desse *corpo-gerúndio*, porém estamos falando da realidade invadindo e tingindo a cena e, como a vida está se fazendo a cada instante e nela há *corpos* em *prejuízo* no seu contexto social, na urgência de dizer, o *corpo-gerúndio* terá uma *poética do prejuízo* em contínua demonstração de perda, pois o tempo urge, e esse é o grande *acontecimento*.

Performance em cena

O teatro hip-hop, assim como outras pesquisas em artes cênicas feitas pelo Núcleo Bartolomeu de Depoimentos, vem construindo com muita liberdade um diálogo com as qualidades da performance, tendo experiências mais radicais, caminhando para um *teatro* mais *performativo*, que não se conclui em características fixas ou definições fechadas, mas vem sendo percebido no resultado dos *acontecimentos* cênicos.

corpo-gerúndio

encontro

TAZ   teatro épico

atriz(or)-MC

depoimento

engajamento

sampling

A formulação *teatro performativo* delimita um território de ação adequado para pousar a continuidade desta escrita. O *teatro performativo* está na fronteira entre o teatro e a *performance*, mas pode ser visto também como um lugar em si, que terá em cena uma(um) atriz(or) com qualidades de *performer*, que, muito provavelmente, não representará personagens, mas será uma(um) porta-voz de narrativas situadas no limiar entre a ficção e o real. A professora e pesquisadora Josette Féral levanta algumas características do *teatro performativo*:

> transformação do ator em performance, descrição dos acontecimentos da ação cênica em detrimento da representação ou de um jogo de ilusão, espetáculo centrado na imagem e na ação e não mais sobre o texto, apelo a uma receptividade do espectador de natureza essencialmente especular ou aos modos das percepções próprias da tecnologia.[3]

Trazendo para o tempo real da cena o contexto histórico, o *teatro performativo* pode propiciar a expansão do território de encontro para além da estrutura concreta do palco, mesmo sendo esse o lugar que o acolhe. Essa perspectiva de experiência resgata uma qualidade de urgência propícia a uma arte que almeja debater seu contexto sociopolítico com a mesma contundência com que esse contexto atravessa o processo de elaboração. A cena como um lugar de disputa em resposta às inconformidades, acendendo os sentidos das(os) participantes, tanto das(os) artistas que evocam o *acontecimento*, como das(os) espectadoras(es) que aceitaram o chamado, sendo ela(e) uma(um) representante da cidade e do cotidiano, abrindo ainda mais o diálogo da arte com a pólis, que é a ágora da política.

Pensando em discutir a *performance*, a teatralidade e essa(e) atriz(or) que deseja o reconhecimento de que a vida está sendo vivida durante a cena, Josette Féral ainda aponta: "A relação do artista com sua própria performance não é mais a do ator com seu papel [...], um corpo convertido

---

3. Josette Féral. *Além dos limites: teoria e práticas do teatro*. São Paulo: Perspectiva, 2015, p. 114.

corpo-gerúndio

encontro

atriz(or)-MC

depoimento

teatro épico

engajamento

TAZ

sampling

em ferramenta de sua própria exploração."[4] Se o foco está na relação com a ação e não com a personagem, a busca será por um *corpo* disponível para as operações a serem realizadas, dando vazão a novos hábitos tanto da(o) atuante como da(o) espectadora(or). Ambos são alçados às percepções e retirados de uma habitual anestesia.

Agregamos a ideia de performer às ferramentas desta(e) atriz(or) entendendo que a desenvoltura estará agora em relação contínua com a performance da cena. Os ápices de uma narrativa, por exemplo, não dependem mais da capacidade da(o) atuante de resolver bem a sua personagem, que cataliza o eixo dos acontecimentos, mas de uma conjuntura entre os elementos dispostos na ação, na qual essa(e) *atriz(or)-performer* submete seu *corpo* ao diálogo com o entorno.

Um *corpo* em processo num espaço em processo, um lugar de travessia, sendo descoberto com seus signos latentes e significados, criando um campo de cumplicidade com a(o) espectadora(or): mesmo estando numa arquitetura mais tradicional, será possível borrar a fronteira palco-plateia. A(O) *atriz(or)-performer* deverá estar disponível para vivenciar com consciência a jornada de um *acontecimento* que necessita de seu *corpo* para a exposição dos eventos. Um *corpo* intrincado com o *acontecimento* e preenchido de informações e de desejos. Um corpo que espera a hora de ser acionado para responder com agilidade e contundência às tarefas propostas. O *corpo* como um objeto *pulsante* e *transformador*, um "corpo camaleão, corpo estranho sobre o qual afloram os desejos e os recalques do sujeito".[5] A(O) atriz(or) com um *corpo-gerúndio* em *acontecimento*.

Corpo-épico

Ao refletir sobre o *corpo-gerúndio*, trazendo para a discussão um teatro performativo que tem uma(um) atriz(or)-performer, seria prudente ressaltar que esse *corpo* sobre o qual se está discorrendo aqui vem

---

4. Idem, pp. 155–156.

5. Idem, p. 151.

teatro épico

sampling   encontro

atriz(or)-mc

engajamento

taz   depoimento

corpo-gerúndio

da trajetória das experiências de uma **atriz-mc** que traz em seu cerne características narrativas de uma atriz épica. Um *corpo* que vem construindo **depoimentos**, tendo em seu registro de ação: o distanciamento, o anti-ilusionismo, a pesquisa do *gestus* e a reflexão do ser social que pulsa inconformidades.

O *corpo-gerúndio* de que falo aqui vem de uma pesquisa de linguagem que foi se desdobrando em diálogos com as necessidades que apareciam de acordo com as urgências de cada momento. Esse *corpo* que vem sendo lapidado dentro da pesquisa do teatro hip-hop, em qualquer circunstância, tem a vocação de uma *mestra de cerimônias* de narrativas que sempre servirão para refletir seu contexto histórico. Como diz Bertolt Brecht:

> Necessitamos de um teatro que não nos proporcione somente as sensações, as ideias e os impulsos que são permitidos dentro do respectivo contexto histórico das relações humanas (em que as ações se realizam), mas também que empregue e suscite pensamentos e sentimentos que ajudem a transformação desse mesmo contexto.[6]

Quando digo de uma abertura para ações mais performáticas dentro do teatro, trazendo para o centro da cena o *acontecimento*, o imponderável, narrativas mais lacunares, espaços improvisativos, ou qualquer outro elemento que fuja a um teatro mais convencional, eles não poderão ser subterfúgios de distração da plateia, muito menos da(o) atuante em performance. O *corpo-gerúndio* que se busca em cena aqui nessa narrativa está em diálogo com uma urgência, incomodado, pronto para sair dizendo, dançando, poetizando, rimando, disputando imaginários, almejando um novo tempo. Ele age no agora, referenciando o passado, com olhar no futuro.

Recorro à imagem dos *corpos* de guerra, *corpos* em luta que não se dão por vencidos, pois, mesmo

---

[6]. Bertolt Brecht, *Pequeno organon para o teatro. Estudos sobre teatro. Bertolt Brecht: coletados por Siegfried Unseld:* Título original em alemão: *Schriften zum Theater,* tradução de Fiama Pais Brandão. Rio de Janeiro: Editora Nova Fronteira s.a, p. 113, 1978.

engajamento

encontro

corpo-gerúndio

TAZ

sampling   teatro épico

quando derrotados, não serão vistos por si mesmos como vítimas, já que a vítima encerra o enredo num *drama* e necessitará de cuidados e de ser louvada pelos algozes, sendo a "representação" o seu lugar de plenitude. É preciso sair da personagem, não se sujeitar à condição de vítima e se colocar como agente da história. Portanto, o *corpo-gerúndio* será sempre política em movimento. Segismundos, Badernas, Antígonas, Cassandras poderão surgir como *gestus*, que se fazem e se desfazem como comentários num *corpo* brechtiano para refletir a vida no momento presente. A determinação do pensar pelo ser social trazido do teatro épico difundido por Brecht é aqui um pressuposto deste *corpo-gerúndio* em cena.

O *corpo-gerúndio* será um *corpo-épico* em *performance*, na busca do *acontecimento* como revelação da vida.

Corpo-político

Estávamos ensaiando *Bartolomeu: que será que nele deu?*, primeira peça do Núcleo, e, por algum motivo, interrompermos uma cena para discutir a função da(o) atriz(or). Já nos entendíamos como "mestres de cerimônia" de nossas histórias autorrepresentadas nos arquétipos das personagens como atrizes(ores)-mcs, e Eugênio Lima lembrou uma cena do filme *Mephisto*, de Klaus Kinsky, quando o ator pergunta: "O que querem de mim? Sou apenas um ator." Lima, impaciente, completa o diálogo: "Eu quero tudo! Sua inteligência, seu talento, sua ética, sua coragem, sua história, tudo que você puder oferecer!". Quem está em cena é uma cidadã(ão) manifesta(o) num *corpo*, trazendo sua ética nas suas escolhas estéticas. Traduzo aqui o "tudo" de Eugênio Lima como uma consciência desta(e) atuante. Um *corpo* cênico consciente que expressa a ação da(o) sujeita(o) que se manifesta "ao vivo"

sampling

corpo-gerúndio

TAZ

encontro engajamento

e não "ao morto". Oferecendo-nos uma relação direta com um ser que respira buscando a cada segundo o sentido da existência, o *corpo* em cena passa a ser um interlocutor com a vida, os mistérios, as relações humanas, o cotidiano e a cidade. Em suas ações, percebemos suas escolhas: ele é *política* em movimento.

Ao escolher a palavra *política* (situada no âmbito das ciências práticas, ou seja, as ciências que buscam o conhecimento como meio para a ação), automaticamente adentro uma contradição dada pelos acontecimentos históricos relacionados ao uso dessa palavra. O termo *política*, derivado do grego antigo *πολιτεία* (*politeía*), indicava os procedimentos relativos à pólis, ou cidade-Estado. Na filosofia aristotélica, a política é a ciência que tem por objetivo a liberdade e a felicidade coletiva da *pólis*. A *Política* de Aristóteles investiga as formas de governo e as instituições capazes de assegurar uma vida livre e feliz ao "cidadão". Porém, para os gregos, cidadãos eram os homens do gênero masculino que tinham seus escravizados e familiares lhes servindo, liberando-os de todo e qualquer trabalho para que usufruíssem com liberdade da sua "política".

A vontade de discorrer sobre o *corpo-gerúndio* como um *corpo-político* em cena é o desejo de ampliar a percepção de que o *corpo* presente na ação cênica pode usufruir sim de sua liberdade, independentemente do gênero, classe ou raça. Poderá se expressar reverberando a contundência da vida, buscando os acontecimentos que disputem o campo do imaginário: terreno fértil para livremente imaginar, cultivar e criar mundos.

> Para a pergunta sobre o sentido da política existe uma resposta tão simples e tão concludente em si que se poderia achar outras respostas dispensáveis por completo. Tal resposta seria: o sentido da política é a liberdade.[7]

E mais ainda:

> O milagre da liberdade está contido nesse poder--começar que, por seu lado, está contido no fato

---

7. Hannah Arendt, *O que é política?*. Org. Ursula Ludz, trad. Reinaldo Guarany. Rio de Janeiro: Bertrand Brasil, 1999, p. 38.

engajamento

corpo-gerúndio   encontro

sampling

TAZ

de que cada homem é em si um novo começo, uma vez que, por meio do nascimento, veio ao mundo que existia antes dele e vai continuar existindo depois dele.[8]

E é nesse mundo, que é *gerúndio* por sua eterna continuidade, que, para Arendt, política é a "convivência entre diferentes", pois "baseia-se na pluralidade dos homens", e a pluralidade implica na coexistência de diferenças. A igualdade a ser alcançada através desse exercício de interesses quase sempre conflitantes é a real liberdade, e não a justiça. Partindo da premissa de que o sentido da política é a liberdade, Hannah Arendt sugere que comecemos a recuperar o seu sentido original, pois a história por vezes é contada por um autoritarismo absoluto que dificultou muito uma prática que seria inerente à vida: a relação dos seres em experiência de liberdade. Poderes autoritários sempre criaram embates, seguidos de guerras, revoluções, ações e reações que surgiram em disputa como "símbolos de força", por vezes renovando perspectivas, introduzindo saberes, mas convivendo com a liberdade numa instância utópica.

Dar ao *corpo* cênico o lugar de um *corpo-político*, qualidade inerente a todos os *corpos* que nasceram para desfrutar de sua liberdade, é também uma escolha *política*, que vem como um "símbolo de força" em disputa por seu lugar de ação. Esse *corpo-gerúndio* que é política em movimento lembra, a cada segundo, que a ação se passa dentro de um contexto, não apenas o da personagem com sua fábula, mas o de uma sociedade que se descortinará ao terceiro sinal. E já que o teatro acontece "entre" os *corpos*, "ao vivo", por que fugir da vida? Por que não dançar com ela já que, mesmo sem ser convidada, a vida estará presente? *Corpo-gerúndio* pulsa presença, aguça seus sentidos, ao invés de inibi-los. São *corpos* que acordados compartilham a vida, retomando sua função transformadora da realidade.

---

8. Idem, p. 43.

corpo-gerúndio

TAZ

engajamento

sampling

encontro

A lembrança de um *corpo-gerúndio* em cena aciona e acirra uma disputa simbólica, também inerente à condição da arte, que, mesmo quando diz "não ser política" por entender que não está a serviço de alguma ideologia, sempre terá suas escolhas expostas. Não há como escapar da existência. Quando digo *corpo-gerúndio* para falar do *corpo* da(o) atriz(or) que será *mestra(e) de cerimônia* das artes cênicas, é para atribuir à sua manifestação a consciência de sua função e, portanto, de suas escolhas e ações.

Sendo a arte um território de excelência da utopia, o que pode ser assistido num *teatro performativo* conduzido por *corpos-gerúndios* são signos em luta. A representação é baseada em códigos e a *performance* desse *corpo* pode romper os códigos, e o juiz dos sentidos será a(o) espectadora(or) que participa fundamentalmente da obra. Falar de espectadora(or) passa a ser falar de um pensamento *político*.

Esse *corpo-gerúndio* deve ter a consciência de estar acionando "milagres", como diz Arendt, porque está entrando num território em plena ebulição de vontades. Ele terá que acionar *corporalmente* a mesma urgência dos *corpos* cotidianos quando estão em risco, pois o que está em jogo é a vida e a morte, não da(o) *performer-atriz(or)* no momento da ação, mas da coexistência dos cidadãos na *pólis* em embate de vontades.

Imagine uma passeata. De um lado, os policiais: um coro de *corpos* armados e encapados por coletes e capacetes. Do outro lado, manifestantes: *corpos* alertas empunhando suas bandeiras e cartazes. Todos respiram e pulsam o presente, conectados com o futuro próximo: o embate. Há trégua? É possível olhar para trás e sair em outra direção, virando as costas para o coro que impõe uma realidade que você já decidiu não aceitar e, por isso, se colocou nessa situação de risco por algo novo? *Corpos* em tensão. Dos dois lados, todos estão repletos da adrenalina da realidade: suas vidas em risco. Nos segundos que antecedem a aproximação e o confronto dos *corpos*, todos estão em total presença pois estão em *perigo*.

corpo-gerúndio

sampling

engajamento

encontro

TAZ

Quando vemos uma passeata, vemos *corpos* reverberando discursos. E, se essa mesma passeata acabar em choque, veremos *corpos* se arriscando, se rebelando, fugindo, mas todos em *fuga* do lugar-comum, todos são *corpos* urgentes em ação. Creio que o *teatro performativo* seja o lugar de excelência do *corpo-gerúndio*, que se apresenta com a contundência de um *corpo* em fuga, em disputa por uma narrativa.

Corpo-levante

Entender o espaço do encontro cênico como uma Zona Autônoma Temporária (TAZ) é perfeito, já que a TAZ é lugar para pulsar urgências.

> Ao falhar em completar esta trajetória, o levante sugere a possibilidade de um movimento fora e além da espiral hegeliana do "progresso", que secretamente não passa de um ciclo vicioso. *Surgo*: levante, revolta. *Insurgo:* rebelar-se, levantar-se. Uma ação de independência. Um adeus a essa miserável paródia da roda kármica, histórica futilidade revolucionária. [...] Se a História É "Tempo", como declara ser, então um levante é um momento que surge acima e além do Tempo, viola a "lei da História".[9]

O corpo-levante é o corpo da insurgência, não é o *corpo* que já completou a jornada histórica revolucionária e está em manutenção de poder, ele está se fazendo, caminhando, prosperando utopias.

O repertório desse *corpo* é a somatória de experiência, das referências que absorveu em sua vida, de sua percepção do meio em que vive na busca de outro mundo possível. A(O) *atriz(or)*-MC em performance, portanto, é um *corpo-gerúndio* em ação, que transforma sua experiência individual na vivência do coletivo, buscando acionar o futuro. É um *corpo-gerúndio*, um levante do agora, que está criando, formulando, processando realidades.

---

9. Hakim Bey, op. cit., pp. 15–16.

corpo-geríndio

encontro

engajamento

sampling

Corpo-livre

A busca do *acontecimento* é algo a ser rastreado pelo *corpo-gerúndio* que, a cada segundo, vai sendo atingido pelo entorno, assim como pelas memórias que vêm como impulso voluntário ou involuntário. O processo de ativar os sentidos vem ao encontro da vontade de romper com a condição de *corpos* dóceis que se comunicam cordialmente, que se organizam passivamente em concordância. Como se deu na cultura hip-hop, deixar emergir um *corpo* que não aceita ter sido colonizado, escravizado, manipulado e conduzido e, portanto, agora decide ser ele o território de ação. Como um *corpo* que volta do exílio de si mesmo com qualidade de imanência no **encontro** real da carne.

Um *corpo* – organismo político em que tudo é percebido e necessário para o *acontecimento* que deseja despertar os sentidos e, assim, a consciência do tempo presente, da "ágora do agora" – será uma possibilidade de se relacionar concretamente com o tempo histórico que habita. Como um grito de liberdade, a(o) *atriz(or)*-mc portadora(or) de experiências tem a possibilidade de adentrar uma vivência de *corpo* e *alma*, entendendo o teatro como uma *ação total*,[10] em que ela(e) opera a vida numa experiência que está sendo vivida, almejando, entre outras coisas, a descolonização do *corpo*, da mente e do espírito. O *corpo* cênico assumindo seu lugar de *corpo* dos desejos, matéria concreta que estará em ação. Vestir-se de seu figurino, tanto quanto de sua inconformidade e de sua libido, para dialogar com as percepções, pois tudo está em fricção na cena.

Acontecido: estudo de caso

O espetáculo *Efeito Cassandra: na calada da voz* que estreou em maio de 2016, é resultante desse processo que vem acontecendo em meu *corpo* de atriz-mc desde *BadeRna*, acionando espaços de

---

10. Expressão usada pelo diretor José Celso Martinez Correa ao descrever os espetáculos do Teatro Oficina.

engajamento

corpo-gerúndio

sampling

realização onde o *corpo-gerúndio* vem enunciado dentro de uma *poética do prejuízo*. Ele surge da necessidade de "falar" (ato da personagem da tragédia grega Cassandra,[11] que vê o futuro e, mesmo sem ser ouvida, o diz) em meio ao golpe de Estado que vivemos em 2016 com o pedido de *impeachment* de Dilma Rousseff, a única mulher que ocupou a presidência do Brasil. Estávamos sem sede desde 2014, não tínhamos onde ensaiar, mas o tempo exigia criações que refletissem aquele momento.

Aproveitamos um dispositivo cênico que Claudia Schapira havia proposto num projeto anterior,[12] no qual os textos eram entregues durante a cena para as atrizes, através de fones e indicações das ações. Schapira e eu despertamos numa manhã com a mesma "intuição-ideia", de que agora quem ouviria as vozes pelo fone seria uma Cassandra moderna. E, rapidamente, levantamos imagens e reflexões sobre vozes femininas soterradas, caladas, ridicularizadas, desacreditadas, deslegitimadas no tempo, colocando-as em perspectiva histórica.

> A dramaturgia cênica é criada a cada apresentação a partir de alguns procedimentos: novos textos são gravados para cada apresentação e colocados em fones, utilizados como dispositivo. Assim a atriz entra em contato com essas novas vozes na hora da cena. Os elementos e as instruções são reorganizados de forma que a atriz não assimile o roteiro, criando uma nova experimentação a cada espetáculo.[13]

Com esse áudio em *off* o público adentrava o espaço do espetáculo *Efeito Cassandra: na calada da voz*, e encontrava em cena uma mulher encapuzada. Era o meu *corpo* que estava lá após um mês de estudos e reflexões e com algumas indicações,

---

11. A jovem Cassandra conseguia antever eventos e tragédias, era uma profetisa. Apolo suplicou a ela que se deitasse com ele, e Cassandra negou. Para se vingar, Apolo fez com que ninguém de Troia acreditasse em Cassandra, que passou a ser vista como louca.

12. Trata-se de *Memórias impressas*, contemplado pela primeira edição do edital de dramaturgia para pequenos formatos cênicos do Centro Cultural São Paulo, que estreou nesse mesmo espaço em agosto de 2015.

13. Claudia Schapira, programa do espetáculo *Efeito Cassandra: na calada da voz*, maio de 2016.

engajamento   sampling   corpo-gerúndio

sabendo que tudo girava em torno de vozes femininas oprimidas no tempo, Cassandras de ontem e de hoje que se encorajam a dizer e são descreditadas, quando não caladas à força.

    Até a estreia eu não sabia como seria o espaço, e o combinado era nunca ter estado nele, a não ser na hora da cena. Seria sempre um *corpo* descobrindo o espaço. A cada espetáculo, eu entrava e só retirava o capuz quando uma voz de fora dizia: "Nome?", e eu respondia: "Meu nome é Cassandra e eu sei que tudo que eu disser será usado contra mim!". Assim, esse espaço tornava-se o lugar de travessia do *corpo* em cena, que, ao mesmo tempo que realizava as ações, ia dizendo os discursos que se apresentavam pelos fones de ouvido, descobrindo seus signos latentes e significados, um pouquinho a cada dia. Uma encenação acionada por dispositivos, praticamente sem ensaios (a não ser alguns encontros para alinhar suas regras), em que a sujeita-atriz-performer adentrava o espaço com o seu *corpo-gerúndio* disponível aos *acontecimentos*.

    Como as condições nas quais se desenrolaria o *acontecimento* foram expostas ao público desde o início, tanto quem estava na plateia como quem estava no palco vivenciaria as ações em situação de igualdade perante o roteiro do dia: ambos tinham total desconhecimento da jornada. Cria-se assim um campo de cumplicidade. Havia a busca de um *corpo* disponível, pronto para fazer qualquer coisa em compartilhamento com o entorno, os cenários, a interpretação das instruções e a plateia. E mesmo toda a equipe, que recebia os roteiros momentos antes, não podia prever como seriam realizadas as indicações e, portanto, tateava o roteiro junto: luz, vídeo, música, atriz e espectadores.

    Essa concepção trouxe mais uma vez para o Núcleo Bartolomeu de Depoimentos a sensação do inacabado, fator que poderia fragilizar a contundência da linguagem do teatro hip-hop, em que o texto se apresenta em métrica, o gesto é dança,

corpo-gerúndio

engajamento

sampling

a música é narrativa, e tudo sempre muito bem ensaiado para pulsar com potência na ação. Porém, dessa vez, essa era a poética buscada, a de uma fresta para o acaso – não do acaso em que uma cena pode escorrer a qualquer momento, mesmo bem coreografada, mas o escorrer dos acasos como um ponto almejado pela dramaturgia cênica.

A aproximação com a performance em *Efeito Cassandra* trouxe para a encenação ainda mais uma latência dos sentidos: convidou a narrativa, que era eixo da construção teatral, a ser mais uma personagem em jornada, sendo construída ao vivo. A competência da intérprete para elaborar uma personagem é desconstruída, abrindo espaço para experiência compartilhada com todas(os) que ali estão.

O *depoimento* da atriz-MC, procedimento no qual sempre baseamos nossa pesquisa, explodiu na concepção de *Efeito Cassandra*, estava escancarado na cena. A atriz-MC é a *mestra de cerimônia* dos *acontecimentos*, articulando seu ponto de vista sobre o mundo ao mesmo tempo que realiza a cena e aciona um espaço onde a experimentação é protagonista da teatralidade. O *acontecimento* cênico é arejado pela espontaneidade do *acontecimento* performático, nos permitindo experimentar as margens do teatro. A ideia do **sampling** estará ainda mais presente na capacidade do *corpo* de ativar a memória, como porta-voz de conteúdos, trazendo-os e disponibilizando-os em determinado contexto na hora da cena.

Engajamento

Um **corpo-gerúndio** se dará num *corpo* em plena conjugação de verbos, sendo ele um *território de ações* em um *teatro performativo* que: busca um território de encontro no tempo real com a(o) espectadora(or), que participará desse rastreamento; sendo a competência de interpretar uma personagem deslocada para a disponibilidade de agir e reagir ao momento presente, não como um *corpo* que executa uma função de trabalhador em

engajamento

frente a uma máquina, mas como o *corpo* de uma(um) artífice que "representa uma condição humana especial: a do engajamento".[14]

Trago "o artífice" descrito por Richard Sennett para esta *cartografia* por reconhecer nele o *corpo-gerúndio*, que utiliza suas potencialidades e busca a presença em suas ações. A(O) atriz(or) com qualidades de um *corpo-gerúndio* será como o *corpo* de uma(um) artífice: é a(o) operadora(or) da ação e está conectada(o) com todo o processo de criação. O *teatro performativo* expõe essa experiência quando deixa emergir em cena os processos outrora deixados nos subsolos dos ensaios. O que se assiste é um *corpo-gerúndio* com habilidades de uma(um) atriz(or) somadas com as de uma(um) performer, acionado no espaço-tempo, repetindo e sentindo, experimentando, refletindo, elaborando.

> Quero inicialmente tratar todas essas ações concretas como laboratórios nos quais os sentimentos e as ideias podem ser investigados. [...] Explorar o que acontece quando a mão e a cabeça, a técnica e a ciência, a arte e o artesanato são separados. [...] Como a cabeça é então prejudicada, o entendimento e a expressão ficam comprometidos. Toda habilidade artesanal baseia-se numa aptidão desenvolvida em alto grau. [...] Em seus patamares mais elevados, a técnica deixa de ser uma atividade mecânica; as pessoas são capazes de sentir plenamente e pensar profundamente o que estão fazendo quando o fazem bem.[15]

A palavra *artífice* traz a ideia de um *corpo* integrado. Pensamento e sentimento fazem parte de sua prática. Em sua atividade, o artífice criava ferramentas para um bem coletivo, para a sobrevivência numa vida nômade e, como "caçadores-coletores ou guerreiros desenraizados",[16] suas ações eram indissociáveis da existência dos outros seres. Assim desejo o *corpo* da(o) atuante num cenário borrado pela vida: respirando e intuindo ações a cada momento, um *corpo-gerúndio* conectado com todas as partes da experiência cênica.

---

14. Richard Sennett, *O artífice*. São Paulo: Record, 2009, p. 30.
15. Id., ibid.
16. Id., p. 31.

As recompensas emocionais oferecidas pela habilidade artesanal na consecução desse tipo de perícia são de dois tipos: as pessoas se ligam à realidade tangível e podem orgulhar-se de seu trabalho.[17]

No mundo capitalista, onde é a economia que qualifica uma realização, a(o) artífice moderna(o) terá que travar uma luta por sua integridade de criação para sair da dicotomia realização/recompensa: o que seria um bom trabalho? Qual é a eficiência que este *corpo* deveria almejar? Se buscarmos resgatar para este c*orpo-gerúndio* a qualidade de uma(um) artífice moderna(o), não estaria em jogo quanto custa sua experiência, pois ela está ligada a um princípio: o engajamento. As criações fazem parte de um modo de produção capitalista, inserido num sistema organizado para treinar os *corpos* para que atinjam "metas fixas". Não estou aqui discutindo quanto vale uma obra, pois obviamente ela custa, e deve ser paga, diria inclusive que deve ser *bem* paga. Num sistema como o nosso, mecânico e tecnicista, trazer para a superfície da cena a exposição dos seus procedimentos e colocar o *corpo* em situação de experiência, pode ser uma estratégia. Em tais manifestações estéticas, o relacional, o tátil, o incompleto, o inesperado devolvem ao *corpo* sua competência de "experienciar", e, engajado em uma vivência, ele pode lembrar sua antiga capacidade de transformar a realidade.

Nesse contexto, a relação entre *corpo* e arte pode ser vista também como uma relação de enfrentamento, criadora de uma ágora de debates. *Corpos* que se reconhecem ao mesmo tempo que se estranham, através de trocas de identidades, maneiras imprevistas de ocupar espaços, gestualidades, movimentações e associações com objetos. É esse estranhamento que permite ao *corpo-gerúndio* em ação *performática* funcionar como

---

17. Id., ibid.

disparador de transformações, buscando romper o condicionamento de imagens e de ações *corporais* cristalizadas, na ação efêmera do *acontecimento*.

Há grandes desafios para se viver com espírito de artífice. A ideia de um *corpo-gerúndio* traz para cena qualidades de artífice *engajada(o)* em sua prática. *Engajamento* é uma palavra que norteia um teatro de pesquisa continuada. Eu sou uma atriz-mc *engajada* com o meu grupo, o Núcleo Bartolomeu de Depoimentos, que é uma companhia *engajada* com seu entorno.

Compartilhar esses processos de pesquisa continuada, escrever sobre as memórias e as vivências é, para mim, um tipo de reflexão sobre a experiência que se estabelece no campo da arte sob o olhar de quem está em cena, dando importância ao que viveu, vive e viverá sendo o *corpo território de experiência* .

corpo território de experiência

#manifesta_ação (2020)
Enquanto houver racismo, não haverá democracia

Nós, população negra organizada, mulheres negras, pessoas faveladas, periféricas, LGBTQIA+, que professam religiões de matriz africana, quilombolas, pretos e pretas com distintas fés, povos do campo, das águas e da floresta, trabalhadores explorados, informais e desempregados, em Coalizão Negra por Direitos, viemos a público exigir a erradicação do racismo como prática genocida contra a população negra.

O Brasil é um país em dívida com a população negra – dívidas históricas e atuais. Portanto, qualquer projeto ou articulação por democracia no país exige o firme e real compromisso de enfrentamento ao racismo. Convocamos os setores democráticos da sociedade brasileira, as instituições e pessoas que hoje demonstram comoção com as mazelas do racismo e se afirmam antirracistas: sejam coerentes. Pratiquem o que discursam. Unam-se a nós neste manifesto, às nossas iniciativas históricas e permanentes de resistências e às propostas que defendemos como forma de construir a democracia, organizada em nosso programa.

Esta convocação é ainda mais urgente em meio à pandemia de Covid-19, quando sabemos que a população negra é o segmento que mais adoece e morre, que amplia as filas de desempregados e que sente na pele o desmantelamento das políticas públicas sociais. Em meio à pandemia de Covid-19, o debate racial não pode mais ser ignorado.

corpo território de experiência

Neste momento, em que diferentes setores se unem em defesa da democracia, contra o fascismo e o autoritarismo e pelo fim do governo Bolsonaro, é de suma importância considerar o racismo como assunto central.

"Estamos vindo a público para denunciar as péssimas condições de vida da comunidade negra." Este trecho, retirado do manifesto de fundação do Movimento Negro Unificado contra a Discriminação Racial, de julho de 1978, é a prova de que jamais fomos ouvidos e de que sempre estivemos por nossa própria conta. Essa é uma luta que não começa aqui, mas que se materializou no pensamento e na ação de homens e mulheres que, em todos os momentos históricos em que a brutalidade foi imposta ao povo negro, levantaram suas vozes e disseram: NÃO!

Não há democracia, cidadania e justiça social sem compromisso público de reconhecimento do movimento negro como sujeito político que congrega a defesa da cidadania negra no país. Não há democracia sem enfrentar o racismo, a violência policial e o sistema judiciário que encarcera desproporcionalmente a população negra. Não há cidadania sem garantir redistribuição de renda, trabalho, saúde, terra, moradia, educação, cultura, mobilidade, lazer e participação da população negra em espaços decisórios de poder. Não há democracia sem garantias constitucionais de titulação dos territórios quilombolas, sem respeito ao modo de vida das comunidades tradicionais. Não há democracia com contaminação e degradação dos recursos naturais necessários para a reprodução física e cultural. Não há democracia sem o respeito à liberdade religiosa. Não há justiça social sem que as necessidades e os interesses de 55,7% da população brasileira sejam plenamente atendidos.

O racismo deve ser rechaçado em todo o mundo. O brutal assassinato de George Floyd demonstra isso, com as revoltas, manifestações e insurreições nas ruas e a exigência de justiça racial. No Brasil, nos solidarizamos com essa luta e com esses protestos e reivindicamos justiça para todos os nossos jovens e para a população negra. E, entre muitos que não podemos esquecer, João Pedro presente!

Em nosso passado, formamos quilombos, forjamos revoltas, lutamos por liberdade, construímos a

corpo território de experiência

cultura e a história deste país. Hoje, lutamos por uma verdadeira democracia, exercício de poder da maioria, e conclamamos aqueles e aquelas que se indignam com as injustiças de nosso país. Porque a prática é o critério da verdade.

COALIZÃO NEGRA POR DIREITOS,
FRENTE 3 DE FEVEREIRO
E LEGÍTIMA DEFESA

corpo território de experiência

Conclusões

> Ora, o corpo tem alguma coisa
> de indomável; de inapreensível.
> PAUL ZUMTHOR[1]

Conclusão? Uma hérnia na cervical, um nariz quebrado, uma ATM seguida de uma nevralgia, voz rouca, mas suficiente para organizar palavras no espaço-tempo.

Essa escrita durou dois anos, estávamos vivenciando um golpe de Estado, lideranças estavam morrendo e havia um retrocesso político e social que instaurou uma sensação de supressão dos *acontecimentos*. As reflexões se davam pelo resgate de memórias, em meio às criações que eram acionadas pela urgência de cada dia. "LulaLivre" era a palavra de ordem do momento, e muita coisa aconteceu depois disso: governos autoritários, ascensão do fascismo, pandemia de Covid-19, milhões de mortes, negacionismo, crimes ambientais... Não há como concluir o que está se fazendo. O *corpo* segue em risco, arriscando e riscando o chão. Dividindo territórios em fronteiras poéticas.

As linhas que circularam por estas páginas são a cartografia do meu *corpo*, que está presente neste passado narrado, neste presente em ação, e neste futuro que virá. Pois ele virá: o futuro.

---

1. Paul Zumthor, *Performance, recepção, leitura*. Trad. Jerusa Pires Ferreira e Suely Fenerich. São Paulo: Cosac Naify, 2007. 2, p. 79.

corpo território de experiência

#manifesta_ação (2021)
Primavera indígena: mobilização permanente pela vida e pela democracia

Em memória dos nossos ancestrais, que entregaram as suas vidas para existirmos; dos encantados que nos trouxeram até aqui para dar continuidade às suas lutas em defesa dos nossos corpos, terras e territórios, de nossa identidade e de nossas diferentes culturas, dizemos à sociedade brasileira e internacional que estamos em mobilização permanente em defesa da VIDA e da DEMOCRACIA.

A nossa luta não é apenas para preservar a vida dos nossos povos mas da humanidade inteira, hoje gravemente ameaçada pela política de extermínio e devastação da Mãe Natureza promovida pelas elites econômicas – que herdaram a ganância do poder colonial, mercantilista e feudal expansionista – e por governantes como o genocida Jair Bolsonaro.

A Articulação dos Povos Indígenas do Brasil (Apib) deu início ao acampamento Luta pela Vida, em Brasília, no dia 22 de agosto e reforça nesta carta que seguiremos mobilizados até o dia 2 de setembro de 2021 para lutarmos por nossos direitos. Hoje, essa é a maior mobilização na história dos povos originários, na Capital Federal, e reforça nosso grito: nossa história não começa em 1988!

Mesmo colocando nossas vidas em risco, no contexto ainda gravemente perigoso da Covid-19, estamos aqui para dizer aos invasores dos nossos territórios que eles não passarão, mesmo diante dos intensos ataques aos nossos direitos fundamentais assegurados pela Constituição Federal de 1988.

corpo território de experiência

Ocupamos as redes, as ruas, as aldeias e Brasília para lutar pela democracia, contra a agenda racista e anti-indígena que está em curso no Governo Federal e no Congresso Nacional, e para acompanhar o julgamento no Supremo Tribunal Federal (STF) que vai definir o futuro dos nossos povos.

Durante o mês de junho de 2021, realizamos o Levante pela Terra, dando início às nossas primeiras atividades presenciais em Brasília para enfrentarmos o agravamento das violências contra as vidas indígenas. A partir de então, começamos um novo ciclo de jornada de lutas, que, desde março de 2020, aconteceram de forma virtual e dentro dos nossos territórios, devido à pandemia.

Por enfrentarmos muitos vírus, incluindo a política genocida de Bolsonaro, começamos a nossa "Primavera Indígena", que pretende ocupar Brasília de forma constante em 2021, além de seguirmos nas redes sociais e nos territórios mobilizados.

Afirmamos que de 7 a 11 de setembro as mulheres indígenas estarão na linha de frente para enterrar de vez a tese do Marco Temporal, durante a II Marcha das Mulheres Indígenas: as originárias reflorestando mentes para a cura da Terra.

No dia 26, o STF iniciou o julgamento que vai definir as demarcações de Terras Indígenas (TIs). Sem previsão de término, os povos indígenas seguem mobilizados para acompanhar o desfecho das votações dos ministros e ministras do Supremo.

Lutaremos até o fim para manter o nosso direito originário às terras que tradicionalmente ocupamos e protegemos. Fazendo parte deste país, mantendo a nossa condição de povos culturalmente diferenciados, mesmo que autoridades públicas e corporações privadas nos considerem empecilhos ao desenvolvimento. Desenvolvimento esse que, desde os primórdios da invasão europeia, é devastador, etnocida, genocida e ecocida e que nos tempos atuais encontrou, e não por acaso, nesse desgoverno um protótipo para perpetuar o seu projeto de dominação.

Somos filhos da Terra! E a Terra não é nossa, somos nós que fazemos parte dela. É o útero que nos gera e o colo que nos acolhe. Por isso damos a Vida

corpo território de experiência

por Ela. Na nossa tradição nunca houve essa história de regulamentar quem é ou não é dono da terra, pois a nossa relação com ela nunca foi de propriedade. A nossa posse é coletiva, tal qual é o usufruto. É esse o fundamento basilar da nossa existência, que a ignorância da cultura da dita civilização ocidental não entende, mesmo após 521 anos.

Essa contradição está na base das disputas que os herdeiros ou descendentes dos invasores insistem em manter conosco. Disputam os nossos territórios incansavelmente e sem trégua, tanto durante as distintas fases da formação e configuração do Estado Nacional Brasileiro, quanto nos dias de hoje!

As elites neocoloniais, também promotoras e beneficiárias da ditadura militar, tomaram conta da maior parte do atual Congresso Nacional e permanecem defendendo a continuidade de seu controle hegemônico, de domínio de corpos, terras e territórios e não apenas dos povos indígenas. Pretendem nos fazer crer que vão desenvolver o Brasil, quando, na verdade, estão promovendo um Projeto de Morte da Mãe Natureza – das florestas, dos rios, da biodiversidade e de povos e culturas detentores de sabedorias milenarmente acumuladas, na contramão de pesquisas científicas. Segundo os dados mais recentes do Painel de Mudanças Climáticas da ONU, há um incontestável aumento da temperatura do planeta, de enchentes, dentre outros desastres ambientais, provocados obviamente por esse modelo de desenvolvimento.

Por conta de tudo isso é que dizemos NÃO a toda e qualquer iniciativa que venha ignorar a nossa histórica e estratégica proteção da vida, da humanidade e do planeta. Também dizemos NÃO a todos aqueles que se propõem a violar os nossos direitos por meio de centenas de medidas administrativas, jurídicas, legislativas e de ações judiciais.

A nossa história não começou em 1988, e as nossas lutas são seculares, isto é, persistem desde que os portugueses e sucessivos invasores europeus aportaram nestas terras para se apossar de nossos territórios e de suas riquezas. Por isso continuaremos resistindo, reivindicando respeito pelo nosso modo de ver, ser, pensar, sentir e agir no mundo.

corpo território de experiência

Sob a égide do texto constitucional, confiamos que a Suprema Corte irá sacramentar o nosso direito originário à terra, que independe de uma data específica de comprovação da ocupação, conforme defendem os invasores. Por meio da tese do "marco temporal", os atuais colonizadores querem ignorar que já estávamos aqui quando seus ascendentes dizimaram muitos dos nossos ancestrais, erguendo sobre os seus cadáveres o atual Estado nacional.

Amparados por nossa ancestralidade e pelo poder dos nossos povos, da nossa espiritualidade e da força dos nossos encantados, que prezam pelo Bem Viver, nosso e da humanidade, dizemos não ao marco temporal! *E conclamamos a sociedade nacional e internacional, em especial as distintas organizações e movimentos sociais que estiveram sempre conosco, e sobretudo as nossas bases, povos e organizações indígenas para que continuemos vigilantes e mobilizados na defesa dos nossos direitos.*

ACAMPAMENTO LUTA PELA VIDA,
ARTICULAÇÃO DOS POVOS INDÍGENAS DO BRASIL
E MOBILIZAÇÃO NACIONAL INDÍGENA

corpo território de experiência

Depoimentos ou epílogo

Estamos em 2023, discorram sobre nossa criação artística e nossa amizade, refletindo com os olhos do presente sobre as nossas experiências do passado.

Roberta Estrela D'Alva

Eu acho que a gente tem uma grande sorte. Não é nem privilégio, que acho essa palavra ruim pra usar hoje. É um bom auspício que se realizou: ter encontrado pessoas com quem você trabalha e também tem essa relação familiar, mas que ao mesmo tempo é uma relação de amizade. Porque com a família você tem uma relação consanguínea, você é obrigada a conviver seja como for, tendo boa relação ou ruim. Tem uma relação intrínseca dentro da família que é diferente de um grupo de artistas. Eu acho que isso aconteceu com diversos coletivos do chamado "teatro de grupo" de uma época aqui na cidade de São Paulo e que sobrevivem até hoje. A gente teve essa sorte de participar de coletivos que estavam ali, por interesses estéticos, políticos, éticos, que tinham algo para dizer juntos, com interesses comuns e que acabaram criando laços de amizade muito fortes. E a amizade, um conceito que pode até estar meio desgastado, tem essa particularidade de, dentro de um sistema em que tudo passa pelo capital, escapar desse sistema de quantização, de compra e venda. Ela é uma coisa que você não faz por obrigação, você encontra os pares para um objetivo comum. E quando começou o Bartolomeu, esse objetivo era sobretudo político, ainda mais como a gente começou, que é sem nenhum dinheiro. Não tinha apoio, Lei de Fomento, isso veio depois. A Claudia chegou falando: "Tenho uma proposta!" – e na verdade eram duas: montar a peça *Bartolomeu: que será que nele deu?* e fazer essa junção do teatro com o hip-hop. Eu acho que foi isso que uniu a gente: a linguagem. O que a gente tem de mais forte, de mais precioso é própria linguagem teatro hip-hop. Quando você me chamou pra conversar sobre a montagem, Luaa, eu lembro tão fortemente de ter pensado: "Gente, são as duas coisas que eu mais amo na vida: teatro e hip-hop. Eu sou uma atriz recém-formada e estou perdida no mundo, porque não quero fazer nenhum desses teatros que vejo por aí." O que primeiramente manteve aquele núcleo junto foi esse desafio, a tarefa de juntar o teatro com o hip-hop, criar alguma coisa que não existia. A gente se sentiu impelido a isso e havia essa necessidade, todo mundo que estava ali estava pronto pra criar as partes. Porque o Eugênio sabia muito da história do hip-hop, mas ele não sabia o que a gente sabia de teatro. Nem nós sabíamos o que o Julinho sabia do grafite. Então, essas partes se juntaram em nome de um objetivo maior. A gente intuiu ou a gente sentiu uma necessidade política. Porque podemos pensar pelo lado da intuição e de um sentimento, uma empatia que tivemos ali. Mas podemos também pensar que foi uma necessidade política de dizer algo, de estar no mundo de um jeito e você encontra seus pares ali e fala: "É com esses!". E aí o tempo vai remexendo, e é com essas pessoas que você fica.

Hoje, depois de 23 anos, a gente olha daqui, né, "penteando a história a contrapelo", dando o salto tigrino para o passado, e a gente volta naquela sala, dentro de uma escola, onde ensaiávamos nos primeiros tempos... A gente não tinha dinheiro, não tinha nada. A gente tinha vontade política. Olhando hoje para a nossa obra, o que a gente criou dá todo o sentido – cultural, social, político. E tem muitos artistas sozinhos hoje em dia que não conseguem se articular. Porque tem essa coisa do "consentimento", de ter um outro que é meio você, só que é o outro, como quando Agamben fala que o eu e o amigo são dois polos da con-divisão. O que ele tá falando? Ele tá falando que é *com divisão*. É junto e é separado. É um conceito filosófico complexo.

Talvez também tenha a ver com uma coisa que a gente conversou tanto no grupo: não é pátria, nem mátria. Não é uma terra que tem um pai, patriarcado, nem um matriarcado. É uma frátria! É a busca da irmandade, da amizade. *Frátria amada Brasil*, que inclusive é o nome de uma de nossas peças. O que a gente estava buscando ali? Uma terra de irmãos. Mas não é o irmão da família. É essa irmandade que a gente encontra na amizade, entendeu? Você é meu irmão! Eu falo: "Eugênio, Claudia, vocês são meus irmãos. A Luaa é minha irmã!". Por que é que a gente se cumprimenta assim? E no hip-hop é: "Brôu, hey brôu!", "Manos e minas!", "Brothers and sisters!", "My brother!". A gente tá usando essa categoria de irmão, irmã, irmane, usando essa palavra que designa um membro da família mesmo, como quem diz: a nossa irmandade não vai ser derrotada. E, nesse contexto, *irmandade* é uma palavra tão forte não porque tenhamos o mesmo pai ou a mesma mãe, mas porque temos alguém que está junto ali, que quer criar junto. Não é alguém que veio antes. É alguém que está construindo o seu modo de viver na Terra, sua política junto. Acho que tem a ver com isso: construir com afeto e coletivamente.

Claudia Schapira

Quanto a tudo que se passou, passado
Quanto a tudo que é presente, imersos
Quanto a tudo que será
o mistério cifrado em algum verso
Mergulhos no tempo
onde procuro
ruamar
No andar
No olhar

No sangue que corre
Na lágrima que escorre
renovar o que ficou

O Núcleo Bartolomeu de Depoimentos nasce de um projeto que nos motivou e nos agregou em torno da criação do que se tornaria o nosso primeiro espetáculo, *Bartolomeu: que será que nele deu?*, livremente inspirado no conto "Bartleby, o escrivão", de Herman Melville, e que acabou dando nome ao grupo.

A partir desse encontro nos tornamos amigues. Muito amigues. Aquela família escolhida que, por uma vontade coletiva, cria uma trajetória artística que começa a se configurar pelo vislumbre de uma linguagem, alimentando assim uma pesquisa e seus desdobramentos.

Há muitas camadas quando falamos em amizade. Nos tornamos, nos forjamos amigues, e isso interferiu diretamente na nossa criação. A nossa amizade tem muito a ver com a consolidação do coletivo Núcleo Bartolomeu. O amor – que, parafraseado Bell Hooks, é uma combinação de cuidado, compromisso, conhecimento, responsabilidade, respeito e confiança – fortaleceu e fortalece até hoje os nossos objetivos em comum, e também as nossas individualidades. O amor "levantou os nossos punhos cerrados" num *gestus* comum que deflagra, expõe, reflete, fala sobre as urgências do mundo através do fazer artístico.

"Por vontade de criar se juntaram diferentes, tinham dizeres urgentes", entoava um dos primeiros manifestos poéticos do grupo, e a frase continua até hoje como uma máxima do Núcleo Bartolomeu. Para nós, a linguagem e a busca por uma estética resultante dessa linguagem são o território de ação onde participamos do mundo desde esse lugar dos afetos que construímos a partir do nosso encontro. Falar do tempo que nos cabe, acompanhar lado a lado o tempo presente foi desde o início um disparador, e isso faz com que o trabalho e o grupo estejam sempre em movimento, em alinhamento com as mudanças e se questionem, se renovem, se reinventem, se recriem, se transformem com o passar dos anos. Como um organismo vivo atravessado pelo tempo, que reverbera no presente e o modifica. Viver nesse corpo coletivo as premissas urgentes do tempo. Nesse sentido, a amizade foi um projeto urgente que cultivamos e lapidamos lado a lado (com a mesma dedicação) com a construção da nossa obra artística.

A partir desse entrelaçamento se consolida a força do trabalho. Porque trabalhar com pessoas em quem confiamos, com pessoas que admiramos, com quem, além do trabalho, compartilhamos a vida, celebramos, acolhemos, cuidamos, enfim com quem se tem uma convivência em distintas camadas entretece narrativas. Uma dupla tessitura se processa: a criação alimentando a amizade, e o amor dessa amizade fortalecendo a construção da linguagem… ou é o contrário? Seja como for, foi nesse entretecer de narrativas que o Núcleo Bartolomeu consolidou sua pesquisa e sedimentou alguns disparadores para a construção do teatro hip-hop: o tempo que nos

toca viver com suas urgências; o vislumbre do que ainda não existe para dar forma a outros imaginários possíveis; o alinhamento entre ética e estética, num engajamento indissociável entre o que se é e o que se cria, imbricando pontos de vista e comprometimentos: autorrepresentação!; as ações expandidas que essa formulação produziu ao longo da sua trajetória para além do teatro; e, por fim, a força do encontro, como um território da vontade de permanecer juntos.

Bom, é minha perspectiva, a partir da maturidade que o tempo concede. Acho que tudo isso foi possível graças ao tempo, ao passar dos anos. Um bom vinho precisa de tempo. O tempo desgasta mas também decanta, depura, apura, lapida, aprofunda. Do início do grupo até agora se passaram 23 anos. Atravessamos alguns governos democráticos, a demolição da nossa sede, o impeachment da primeira presidenta do Brasil, uma pandemia, a ascensão de um governo genocida e calcado num fascismo sem precedentes, por fim a destituição desse governo e as investidas para a reconstrução entre escombros. Por outro lado e riscando o chão entre frestas e encruzilhadas, um tempo em que outra história está sendo tecida no contrafluxo, "penteada a contrapelo", como diria Walter Benjamin. Assim estamos hoje, num tempo em que muitas estruturas velhas estão desmoronando e deixando entrever nas brechas do obscurantismo outros pensamentos, outras leituras de mundo a partir de todas as humanidades que o habitam, destituindo o pensamento universalista ocidental, patriarcal, branco, heteronormativo, transfóbico, monoteísta, monogâmico, racista, supremacista etc. – que teve uma ação expressiva nos últimos quatro anos, trabalhando com muito afinco para esfacelar a cultura, criminalizar os artistas e ofuscar a construção de imaginários menos hegemônicos, mais inclusivos e abrangentes.

Podemos dizer que, neste momento, começamos a colocar a cabeça para fora da água, para continuar enfrentando as iniquidades do tempo em que vivemos. Um tempo que está conseguindo finalmente contrapor o colonialismo, esse sistema de dominação classista, escravagista, genocida, racista, bélico e que nos últimos séculos vilipendiou uma boa parte do planeta sob o falso argumento da expansão e do encontro, mas que tem sido revisto, enquadrado, responsabilizado, confrontado e combatido. A bestialidade dos efeitos coloniais é para nós, junto a outras urgências, substrato das nossas reflexões cotidianas, do nosso propósito de vida, e debruçamos nossa pesquisa na exposição das consequências desse sistema de dominação e na ação de retomada, confluindo outras possibilidades de encontro a partir de outras formas de vida e do coletivo como caminho de construção de linguagem e cultura, como diria o mestre quilombola Nego Bispo. Nesse sentido, arrisco afirmar que a amálgama da nossa construção estética, para além das nossas criações, neste momento histórico, dá-se no âmbito do cardíaco, da amizade, e isso é um chão, um lugar de pouso, um ponto de convergência, enquanto, paralelamente, expandimos nossa criação e nossas trajetórias individuais.

Estamos em um momento de semeadura. A construção é constante e tem seus momentos de levante, como ondas no mar. Ocasionais, impermanentes e constantes...

Eugênio Lima

Falar sobre o Núcleo Bartolomeu de Depoimentos é falar primeiro sobre um projeto que acontece não exatamente na esteira das vontades, ele é atravessado por uma série de coincidências: meu encontro com a Claudia, eu perder a carteira que estava com o número dela, e aí ela me ligar, e eu estava parando de dançar porque me machuquei, ela me convida pro projeto, e aí eu volto a coreografar, a ideia da união do teatro épico com o hip-hop, o épico que eu só conhecia através do Benjamin, e o hip-hop que a Claudia conhecia através das leituras da Unidade Móvel, do momento histórico: o encontro de nós quatro (eu, Roberta, Luaa e Claudia), tudo isso faz parte de uma série de acontecimentos que eu acho que só é possível dentro de um momento histórico de levante.

Essa é a primeira coisa: o Núcleo Bartolomeu de Depoimentos faz parte de um processo de levante. Tem outros levantes dos quais eu fiz parte anteriormente: a Soul Family foi um levante em 1998; antes disso, a Unidade Móvel foi um levante em 1992; antes disso, a Uzi foi um levante em 1988. Mas o Núcleo Bartolomeu de Depoimentos vai concretizar uma coisa que é muito boa: de todos esses projetos, é o que sobreviveu, é o que permaneceu por mais de uma década, que sobreviveu ao nosso envelhecimento. Quando começou o Núcleo eu não era casado e não tinha filhos. Hoje eu tenho dois filhos, o Jorge e o Azul, de quem vocês (Roberta, Claudia e Luaa) são madrinhas. Isso poderia, num primeiro momento, soar como uma ideia de um certo patrimonialismo, uma relação muito íntima de pessoas que estudaram no mesmo colégio, se desenvolveram a partir dos mesmos interesses, mas não é isso. O

Bartolomeu é um encontro. Um encontro que foi constituído por um levante, pela ideia de que era preciso constituir-se linguagem e, a partir disso, construir relações com o mundo, relações com o entorno, relações com a cidade. Existia sempre uma ambição muito grande de que a nossa pesquisa se transformasse em linguagem. E depois de um determinado momento ela se transformou.

Estive pensando muito nisso ultimamente, na ideia de "pentear a história a contrapelo", como pedia Benjamin, na ideia de que a história fosse contada em primeira pessoa, como quando a gente chega nos conceitos de autorrepresentação. Porque isso faz com que a gente sempre se coloque dentro da história, sempre se coloque dentro de uma "verdade", uma verdade que me mobiliza, e eu não estou fora dela, não é uma norma para o mundo exterior, do qual não faço parte, ao qual não devo nada, mas é uma verdade que me mobiliza e mobiliza outras pessoas que estão ao meu redor e, por causa disso, várias outras coisas podem ser desenvolvidas.

O Núcleo Bartolomeu de Depoimentos é muito análogo, na forma de conhecimento, da Frente 3 de Fevereiro, porque também havia relações de afeto muito próximas quando a Frente foi criada. Foi uma ideia de minha mãe, Maurinete Lima – que Deus a tenha –, e tinha essa ideia de que esses afetos iam se afetando a ponto de a gente constituir um olhar sobre o mundo que era mais do que o olhar particular de cada um, mas, ao mesmo tempo, não era aquela ideia universalizante de que todo mundo é isso ou aquilo, enfim, o que eu chamo de humanismo branco, que é uma universalização onde existem várias humanidades subalternas. Então o Bartolomeu é um grande processo histórico disso tudo.

Outra coisa fundamental é que os conceitos não chegaram "de paraquedas", eles são fruto de uma experiência na prática e ao mesmo tempo na práxis, juntando teoria e prática. A convicção das coisas do ponto de vista político, cultural, artístico e espiritual que mobilizam o Núcleo sempre atravessaram seus componentes de maneira radical, mesmo nos grandes equívocos, porque, obviamente, em duas décadas de trajetória, também tem grandes equívocos, mas que se transformaram não só em grandes aprendizados – porque essa ideia de que a humanidade aprende... Sim, a humanidade aprende, todo mundo aprende, eu aprendo, todo mundo, toda situação é passível de aprendizado, então não é essa a questão. O que quero dizer é que esses grandes equívocos também se fundamentam e se colocam como realidade, esticando a corda para ver até onde a gente podia ir com as nossas convicções.

A destruição da sede é isso. A gente sabia do risco da gentrificação, mesmo assim apostamos na ideia de que era possível se constituir uma espécie de Zona Autônoma Temporária. A gente sabia que seria temporário, e mesmo assim empenhamos toda a nossa força, todos os nossos afetos na construção de uma espécie de quilombo, numa espécie de guarda-chuva que pudesse sediar nossos encontros. E isso foi drasticamente derrubado, foi drasticamente abortado esse projeto com um processo de gentrificação que depois nos afetou completamente. A gente é um grupo nômade hoje, porque a gente não tem sede. Então a gente se desloca como se fosse um grupo de caçadores, coletores ontológicos, se deslocando mesmo no espaço, e se reencontrando, e se refazendo, se reencontrando, e se refazendo... perpassados por uma série de transformações, inclusive a ideia de ruptura abrupta do levante, do qual eu acho que faz parte o surgimento do Núcleo Bartolomeu de Depoimentos no início dos anos 2000, a ideia principal de que é possível legislar sobre o futuro.

Então, acho que é isso que foi fundamentalmente rompido: é a subtração do futuro, com uma sequência de acontecimentos nefastos: o golpe de 2016, passando pela eleição do Bozo, a perseguição a tudo que fosse libertário, a ascensão do neofascismo disfarçado de cores bonitas, e principalmente a pandemia mundial de Covid-19. Duas coisas foram subtraídas imediatamente nesse ciclo de derrocadas: o tempo, que se tornou cada vez mais curto, e o futuro, que poderia não mais existir. Para mim, esse ciclo é o ápice do projeto colonial-racista-patriarcal-neoliberal no Brasil: a subtração total do futuro e do tempo. O tempo se torna muito curto, e o futuro não existe mais, ele não carrega mais promessas, então cria-se uma ideia de que o futuro será sempre muito pior do que agora. E surge a ideia distópica do fim de tudo, que nada mais do que é a distopia do fim dos tempos cristão revisitada, que fundamenta toda a ideia colonial, um capitalismo infinito, até que se destrua tudo e o planeta seja consumido numa grande forma-mercadoria, todas as ideias supremacistas brancas recolocadas, porque é mais fácil imaginar o fim do mundo do que o fim do capitalismo, e dessa maneira o levante é silenciado. Não é que ele tenha deixado de existir, só há de novo um pensamento hegemônico dizendo que o futuro será muito pior, que o futuro não tem mais como disputar. Então, se não tem o que disputar, o que a gente pode fazer é aceitar e morrer, "exterminem todas as bestas", segurar nossas migalhas e aceitar o que tem.

E isso é exatamente o inverso do projeto que fundou o Núcleo Bartolomeu de Depoimentos, é exatamente o inverso. A ideia de que a gente poderia colocar a potência geral dos nossos sonhos e o que a gente poderia unir, o distanciamento épico da cultura hip-hop, a gente podia unir a autorrepresentação do mc com a postura de um ator/atriz que pensa, um ator/atriz que pensa em cena e faz escolhas em cena. A ideia de um processo em que era possível mudar o(a) narrador(a) da história oficial do Brasil. A gente reivindicava a disputa da narrativa, reivindicava a autoria, mudar a narrativa mesmo, não só quem conta, mas principalmente como se conta e o que é contado.

E seguimos nessa história, só que cada vez mais na guerrilha, cada vez mais nômade no sentido mais literal do termo: ataque-fuga-ataque-fuga-ataque-fuga, entendeu?

Sigo entendendo...

Até o momento, tenho convicção de que há uma fronteira que foi atravessada e o *corpo* despertou para um tipo de ação, estando acordado, se afetando com o mundo que vive. Vê, ouve e respira *acontecimentos*. Um *corpo* expressivo que passa a ser quase uma bomba-relógio pronta para explodir, sensível a tudo e que pode, num disparo, em poucas horas, detonar uma *poética* dentre tantos *prejuízos*, como um jorro que não cabe dentro. O *corpo-gerúndio* não relativiza nada, radicaliza a cada dia sua ação, estando inserido e imbricado com o giro da Terra e com todos que nela pisam.

    Continuemos criando...

LUAA GABANINI

Anexo
A peça BadeRna *(2014)*[1]

Roteiro

PRIMEIRA PAISAGEM: ESCOMBROS

Ouvem-se gemidos como se saíssem das paredes. No canto esquerdo do palco, veem-se as costas de um corpo "encarquilhado", aparentemente um corpo sobrevivente. Suas costas se movem num tempo contínuo como se estivessem lá há quinhentos anos. Um refletor cai do teto em ruína. Com isso, acende-se uma fresta de luz. O Corpo então se move até a fresta de luz como se buscasse o Sol, o calor. Acende-se outro refletor e o Corpo repete o movimento em direção à luz, e essa ação acontece mais duas ou três vezes. Durante essa trajetória, vai se revelando a silhueta de uma bailarina enferrujada. De repente, ela bate em alguma coisa. A luz, aos poucos, revela uma mesa de DJ caída com um toca-discos. Ela coloca a agulha no disco, e começa a tocar O lago dos cisnes, de Tchaikóvski. Como se reconhecesse a melodia, a silhueta da bailarina começa a se virar para a plateia e, aos poucos, consegue ir soltando a sua musculatura, como se a música fosse um óleo lubrificando as partes enferrujadas. Esboça alguns passos de dança clássica. Quando está de frente, vemos que em seu corpo

---

1. Núcleo Bartolomeu de Depoimentos. *A palavra como território: antologia dramatúrgica do teatro hip-hop.* São Paulo: Perspectiva/Cooperativa Paulista de Teatro, 2022.

está pintada uma roupa de bailarina. Ela tenta falar, mas sua voz também está enferrujada. A bailarina encarquilhada, como um cisne assustado, vai até um dos microfones que está em um pedestal. O microfone bate na altura do seu coração. Para falar, ela faz plié e, quando sua boca chega à altura do microfone, ouvimos um sussurro de sua voz, que parece pedir ajuda ao mesmo tempo que tenta nos perguntar alguma coisa. A música que a acompanhava até então começa a ter algumas interferências e a se repetir, como se o disco estivesse riscado, e isso vai ficando cada vez mais irritante até que a bailarina não suporta mais e, num impulso, desliga o primeiro cabo que vê. Silêncio. É como se algo tivesse entrado na cabeça da bailarina, que, atordoada, tenta se organizar, mas seu corpo quase não consegue parar em pé. Vozes. DANÇA DA CABEÇA: todos os movimentos devem partir do impulso do crânio. Dores, enjoo, tontura. Ela consegue parar minimamente o corpo, segurando sua cabeça como se estivesse com uma grande enxaqueca. Depois de tantas frases e palavras fragmentadas, uma frase é finalmente compreendida.

CORPO   Tem uma BADERNA na minha cabeça!!!

SEGUNDA PAISAGEM: TRAVESSIA

Som de mar invade o espaço. O Corpo tenta se equilibrar perante as ondas que se ouvem e, como se estivesse num navio em alto-mar, é jogado de um lado para o outro no palco. Por vezes, consegue aportar diante um microfone, e nele tenta falar e se organizar; mas ouvimos outra onda quebrando e o empurrando para outro lado do palco.

TERCEIRA PAISAGEM: TRAVESSIA DAS PERSONAGENS

O Corpo consegue se segurar num pedaço de cenário que está pendurado no teto. Num transe, solta um som-canto ancestral. Apoia-se no pedaço de cenário como se estivesse numa balança, e a cada ida e vinda vai incorporando personagens interpretadas na trajetória da atriz: Ofélias, Cajus, Coro, Rosauras, Márcias, Mães.

CORO   Pantagruel, estou aqui, Pantagruel!

CAJU   Meu nome é Caju desde o dia que nasci. Tive sete irmãos, sempre me fudi.

ROSAURA   Que te direi que não sou o que pareço ser! E que o casamento de Astolfo com a princesa Estrela é a maior afronta que eu poderia sofrer.

MÁRCIA   Alô. A cobrar, camarada? É do Brasil, não tá vendo?

TRAFICANTE   Abraça, tô te sacando faz tempo. Filho da puta!

COVEIRO   Pelamor de Deus!

DJ 3   Preciso desse vinil pra criar algo novo e entrar pra história.

CECÍLIA MEIRELES   Do nosso não encontro guardei a transcendência da possibilidade que não houve.

OFÉLIA   Não vou pro convento, Hamlet... *Like a virgin...*

INTERMEZZO   Levaram meu pai! E minha mãe!

MARIA ALICE   Eurídice, este projeto de terra "brazook" já está indo longe demais.

CARLOTA   Esse país não passava de um entreposto comercial, pronto, falei.

MARIA LOUCA   Maria, filha, como a mãe do nosso salvador!

PRINCESA ISABEL   Isabel! *Enchantée!*

MARIA ALICE   *Je suis désolé!*

MÃE DO DOPS   Faz cinco meses que notifico o desaparecimento do meu filho, dia sim, dia não, dia sim, dia não...

ANTÍGONA   Que quero fazer jus à vida coloco, dando pouso a tudo quanto é nossos irmãos quase filho sem enterrar! Chegamos salto agulha agulhando o linguajar!

[*Até que não reconhece a voz da personagem em sua mente.*]

ATRIZ   Quem tá aí? Quem tá aí?

Som de navio. A personagem aporta em seu cérebro. Entra uma música de balé. Ainda de olhos fechados, é como se alguém a guiasse e a convidasse a dançar. Vai até o centro do palco. Dança com um fantasma. Ouvem-se sons de britadeiras, como se o espaço estivesse sendo demolido.

QUARTA PAISAGEM: CHEGADA DA ATRIZ, IMPROVISAÇÃO, FLUXO DE IDEIAS

A atriz sai falando em direção ao microfone. Essa cena é um texto improvisado. Quando chega em palavras-chave predeterminadas, discorre sobre o assunto que elas evocam até chegar a outra palavra-chave.

Palavras-chave da estreia: linha, umbigo, viagem, Terra, baderneira. *As palavras-chave podem mudar de acordo com o dia.*

Como demonstração de procedimento, segue abaixo um exercício de escrita, espécie de base feita para ser rastreada ao vivo:

Muitas coisas interrompem nossos dizeres, dificultam nossa continuidade. Propus essa cena para eu poder falar, e tenho três regras: tenho que chegar a cada dia em cinco palavras, e, depois de passar por elas, posso ir finalizando esta cena, mas não posso parar de falar, tenho que ficar em fluxo, falar alinhando uma palavra depois da outra, como se estivesse costurando com uma LINHA *invisível, como um cordão que não tem fim, como um* UMBIGO *ancestral, um cordão umbilical, que vai de mim para minha mãe, da minha mãe para minha avó, da minha avó para minha bisavó, e vai indo até o centro da Terra. Acho que é disso que sempre estamos falando, de onde estamos, da* TERRA... *Eu acabei de girar, e o mundo parece que ficou parado enquanto girava. Então essa inércia de algo que começou e parou e eu fui sozinha... sim, tô enjoada. Mas tem algo que me alinha. Esse microfone, por exemplo, me alinha. Então vou movimentando as palavras para me trazer de volta para algum lugar. Que lugar? Onde eu quero chegar com tudo isso? Que valor isso tem? Primeiro eu preciso entender: o que é isso? O que eu estou chamando de isso? Isso! Uma tentativa de trazer, fazer, contar, falar, organizar alguma coisa. Então: quem, quando, onde? Quem? Eu. Quando? Agora? Onde? Onde? Aqui? Aqui!! Nesse corpo, nesse palco, nesse chão que me aterra... é isso, a terra... terra Brasil, aqui* *tudo começou pra mim... nessa terra da baderna... foi aqui que eu nasci, ainda estou um pouco tonta... preciso a-*LINHAR. *É isso, uma linha tênue que se forma entre mim e você, uma linha entre a verdade e a mentira. Desse improviso desalinhado de uma forma concreta, mas real... a linha de raciocínio que montei nesses tempos difíceis (nem vou entrar nisso agora), pois a linha de pensamento agora é isso, meus pensamentos, é isso, uma linha... linha de costura, uma linha preta, uma linha branca, qualquer cor, não importa... não perde tempo com isso... importa a cor, importa... importa? Do que é importante falar, 2014 Copa do Mundo... ai, me deu uma canseira agora... como quem escolheu fazer o caminho de Santiago e no meio pensou: "Que merda é essa? O que que tô fazendo aqui?! Eu realmente preciso fazer o caminho de Santiago?"* VIAGEM!... *Mas agora eu estou aqui... aqui... aqui... em 2014... Uma* BADERNEIRA...

Segue improvisando até visitar todas as palavras-chave do dia. Depois aponta para o espaço a sua volta, todo quebrado, e diz:

ATRIZ   Foi neste palco, foi neste chão que me encontrei pela primeira vez com Marietta BADERNA.

QUINTA PAISAGEM: DEPOIMENTO, PROCEDIMENTO

Assim que aponta para o espaço, abre-se um portal: som, luz. Tudo muda como num passe de mágica. A luz revela o "corpo-esqueleto-bailarina", uma espécie de pedestal quebrado que lembra um corpo, com uma sapatilha de ponta pendurada. Num gesto íntimo e cotidiano, a atriz se aproxima e começa a calçar a sapatilha e a amarrar suas fitas com muita delicadeza e precisão, enquanto um off *narra.*

OFF (*Alexandre Palma, retirado do documentário* Vândalos e baderneiros): Maria Baderna é uma figura do século XIX que talvez tenha ficado mais conhecida com o trabalho do Silverio Corvisiere. Ela tem origem italiana, chegou aqui em 1849, estreou no teatro São Pedro de Alcântara e fez um enorme sucesso. Para aquela sociedade, para aquele contexto, os hábitos de Maria Baderna não eram usuais, eram hábitos que fugiam do esperado. O Rio ainda exibia uma cara muito conservadora, e talvez o que causou maior repercussão à época tenha sido o fato de que Maria Baderna e suas colegas apreciavam o lundu, uma dança de origem afro, e isso chocava. Quando Marietta (ou Maria) Baderna se apresentava, causava um alvoroço enorme entre seus fãs e o público mais conservador. Os mais conservadores, que tinham uma certa influência na imprensa, começaram a denominar esse alvoroço dos mais jovens, que arrastava multidões a cada apresentação de Maria Baderna, com essa alcunha negativa: *baderna*. Com o tempo, a gente sabe que esse termo passou a ser explorado, inclusive na época da ditadura militar, com um peso negativo; qualquer reunião de pessoas, qualquer grupo que se reunisse para questionar ou então propor ações já era considerado um grupo baderneiro.

Atriz olhando para o espelho e arrumando a maquiagem.

ATRIZ   Imaginem uma mulher branca, italiana, de cabelos pretos, dançando com os negros. [*Vira-se.*] Num país escravocrata.

Mudança de luz. A Atriz aparece já calçada com a sapatilha de ponta e fala o texto em italiano.

ATRIZ   Il mio nome è Baderna, non sono nata in Brasile
Ma da quando sono arivata, non me ne sono più andata
Arrivai dal mare, sono venuta a ballare
La danza che sembra di volare
Ma la strada nera mi ha ricordato la terra
Ancestrale suolo che palpita nel cuore
E da quando ha suonato il tamburo
Ho rotto il cordone ombelicale del colonizzatore
E in un sostantivo femminile mi hai nominata.
Eccomi qua, il corpo non c'è più, rimane la persona,
Ci sono persone nelle strade volendo ballare con la storia
Ciò sono io ballando, rigenerando la memoria.[2]

---

2. Meu nome é Baderna, não nasci no Brasil/ Mas desde que cheguei aqui nunca mais saí/ Cheguei aqui pelo mar, vim dançar/ A dança que pa-

Entram sons de britadeiras misturados com vozes. Atordoada, a Atriz não consegue acabar a cena e vai tirando todos aqueles pedaços de cenário e de memória que ficaram no palco. Leva tudo para o fundo e fica lá com tudo; ela e os restos de memórias.

SEXTA PAISAGEM: CENA-ESPELHAMENTO BADERNEIRA

ATRIZ   Não lugar, lugar comum, movimento inevitável
Como onda que quebra na pedra
Que quebra tudo que estiver na frente [*Corta as fitas da sapatilha.*]
E na frente de tudo recomeça o novo [*Coloca uma bota vermelha.*]
O novo que chega dançando no antigo
Antigo que teima em resistir e invadir
A história roubada
É preto

rece voar/ Mas a rua negra me lembrou do chão/ Ancestral solo que bate no coração/ E desde que tocou o tambor/ Arrebentei o cordão umbilical do colonizador/ E assim como substantivo feminino você me nomeou/ E cá estou, foi-se o corpo, ficou a pessoa/ É gente nas ruas querendo bailar com a história/ Isso sou eu dançando, reavivando a memória.

É branco
É índio
É estudante
É Gaza destruída
É tudo no mesmo chão que não tem dono
Mas teima em dizer que é meu e não seu
Seu nome? – BADERNA!
[*Pega um vestido de dentro da caixa de mudança.*]
É daqui, Brasil
Não tem dono mas é de todo mundo um pouco
Essa dança que vem de lá pra cá
E vai coreografando a história
Que é minha, que é tua e de quem nem sabe bailar direito
E é nessa requebrada da esquina escura
Que subo na ponta pra gritar mais alto
Porque serei uma eterna *flâneur* do centro da Terra
Cada vez que uma bomba cair, um teto cair
Uma cabeça no chão encostar
Pacha Mama me avisa e eu volto a girar

175

SÉTIMA PAISAGEM: DESCOBRIMENTO DO BRASIL BADERNEIRO: PARAMENTAÇÃO

Blecaute.

Som de correntes misturado a protestos e reportagens de jornal dizendo que os baderneiros estão nas ruas. Músicas de diferentes estilos se misturam. A mixagem de sons vai criando uma cama narrativa de momentos históricos do Brasil.

OITAVA PAISAGEM: A BADERNA NO TEATRO

Temos no centro do palco a personagem Baderna, criada pela atriz. Ela tem uma frequência de bailarina-pomba-gira. Começa uma música clássica e aos poucos vai entrando um som de tambor, ao mesmo tempo que se revela um percussionista no canto do palco. Seus movimentos, que iniciaram lentos e delicados, começam a explodir num impulso que evoca a dança lundu. A atriz, que estava demonstrando uma personagem, agora está tomada por ela. Dança-gira.

NONA PAISAGEM: AMERICABADERNATERRAAVISTA!!!

[*Texto de Claudia Schapira*]
Dizquedizquedizquediz
O que dizem não diz o que fiz
Quem fui, o que foi
Pra onde rumei não é o que se diz
Fffuuuuuuuuuuuuuuuuu [*som de vento com a boca*]
Deixa o vento falar,
Já falei que cheguei nele
Fuuuuurfuuuuuuuuuuuuuuu [*som de vento com a boca*]
O vento me venta
Eu, que seu rebento
Eu, que dele verto
Eu, que o reverbero
Sou suas histórias
Suas ladainhas
Suas mandingas
Eu, ave sem pouso
Eu, pouso sem asas
Eu, pássaro tombado
Renasço meus passos no vento!

Que já falei
Não mexe comigo
Que canto no canto dele
Fffffffuuuuuuuuuuuuuuuuuuuu [*som de vento com a boca*]
Cheguei navio errante
Driblando passos em algum convés
Já falei isso?
Falo outra vez que o dizquedizquediz
Se contradiz e não conta o que fui
O que fiz!
E me entranhei, me misturei
Me amalgamei às coisas-mundo desta terra
Sei tudo
Estive com muitos
Sou tanto
Sou a terra
Sou feita de terra
Sou o corpo da terra
Sou sopro que voa e venta com o vento
Sou a terra que aterra a história do tempo
Sou o tempo sem tempo do tempo

Aiiii quanta gente badernando na minha cabeça!!
Quanta gente badalando feito sino
Com suas sinas
Cada uma me ensina
Me apruma me alinha
Eu, que componho feito música
Com meu corpo linhas e linhas e linhas
Ffffuuuuuuuuu ventaaaaaaaaaaaa vennnnntooooo [*som de vento com a boca*]
Trazendo o povo que chega de outros teeeempossssss
Vêm todos pra esta "festabadernaminha" sem tempo no tempo
Eu que estive em muitos tempos
porque sou de todos os tempos...
Folha solta deportada
por minha alma *straniere*
Estrangeira
Partida
Deportada
Departida
Repartida
No convés

Vim de revés
Com todos os meus revezes
Chegueiiiiiiiii
Fffuuuuuuuuuufffff [*som de vento com a boca*]
Vem vento que me balança
Me adentra na terra desta terra
Eu, que ME sou só terra
Eu, que alquimizei tantas guerras
Pó pó pó pé pé pé [*começa a bater o pé*]
Eu, que me misturei lodo, fogo, ar [*deita de cara pro chão*]
Água que me banhando fez barro
Brotei gingando!
Fffffffuuuuuuuuuuuuu [*som de vento com a boca*]
Já falei que ventei
E vento que leva traz
Ele que comanda
Filhos, pais, irmãs, senhores
Senhora, senhora, senhora!
Nas tuas camadas escritas todas as páginas da história
Nas tuas escamadas camadas todos os tempos que viraram pó do pó do pó que todos somos

Dia chegado da morte sem negociação, sem tramoias, sem tramelas
Já falei deixa ela
Minha Pacha Mama
Minha terra que protagoniza na terra
Toda partida, toda chegada é dela
É assim e assim há de continuar sendo
A terra que manda que tudo é dela!!
[*Começa a parir. O parir se transforma em um gesto de gozo, do gozo ao êxtase. Sai dançando. Outro clima.*]
Eu, Maria Baderna [*cantarolando como se esse som viesse de longe*]
Maria Baderna badernista baderneira
Hein? [*pergunta para o vento*]
Gestei gestos que arranquei ao futuro
Eu, que [*cantarola como se o som viesse de longe*]
Maria Baderna badernista baderneira...
Hein? Quem me chama?!
Dancei em águas que me atravessaram de oceano
Te leio, te escavo, te conto, te narro, te escancaro
Eu, que arregacei obsoletos decretos
Eu, que arreganhei os dentes

Passeando ao ar livre
Com moços de frete
Eu, que me badernei
E arabescando riscos
Criei legiões de seguidores
Euuuuuuuuu fuuuuuuuuuuu [*som de vento com a boca*]
Ouvem??
ehhhheehhhheeee Baderrrrnnnnnnnnaaaanaa
Badeerneiraaaaa
Badernosaaaaaa
Badernisssmosssss
Badeerpassos
Badergestos
Baderformas
Sou eu
Senhora
Sou ela
Sou tudo
Sou a terra que dá sustento
Que sustenta as justas guerras
Sou esta terra que me recebeu
De compassos abertos
Escancarada e deflorada
Esta América terra à vista
Me abriu suas águas
E me abraçou de suas matas
Fizemos amor, carne e arte
E sangrei virgem outros passos
Ouvem?? [*cantarolando*]
A bela Maria balançando as ancas
Criou uma bela dança no terreiro de Oxalá e bateu o pé
Com os caboclos da mata
E bateu a cabeça
Feita uma filha de fé... ehhhhhheeeeeeeeee
Sete Lanças, Jurema. Hein? O quê?!
Diz que diz que diz que não diz ao certo o que fui, o que fiz...
Venham agora
Todos aqueles
Os que vieram antes
Os que fizeram a festa antes
Já falei

Dizquedizquediz sou eu que digo o que fiz
E chorei enchendo de rios as ruas
Pelos navios negreiros e tristes que te transpassaram
E desbotei rotas que desenharam percursos tortos
E me encontrei com os caboclos desta terra
Com suas penas pingando
Lágrimas coloridas por suas tristes penas
Eu vi no som do vento tudo que nem sequer vivi
E ginguei Zumbiiiii
E swinguei tornozelos
OS MALES COM MALÊS SE PAGAM!!! Ventei boca ao mundo [*revoltada*]
Pra espantar desgraças
E libertei negros velhos [*cantarola*]
Vem, vem, vovó, vem, vem, vovó
Sai da senzala
Vem jongar, vovó...
E escorracei holandeses
E pari parideira e parteira
Ventres livres
E andei por cima das tuas montanhas
Atravessei geografias

Na ponta dos pés
Silenciei estradas percorrendo dias em busca de melhores dias
Vi Guevaras empunhando utopias
E escorreguei vendo o sangue que verteram as guerras dos mundos
A primeira, a segunda, chorei de tristeza
Seus começos
Derramei coreografias finas
Por seus fins
Ao som de um Marvin Gaye – que um dia sonhei
Tocaria em algum lugar pra mim! –
Cheguei na semana inesquecível
E modernei palcos em teatros amplos
Que me esperavam porque era meu tempo
Baderna! Baderna! Baderna!, gritava Mário acompanhado por Oswald
Enquanto Pagu linda invejava meu lundu bem dançado... [*cantarola*]
Ela dança sua umbigada na ponta do laço
Da ponta ela aponta novos ritmos
E dilacera, quem diria,

A medíocre moral da aristocracia
Hein?? Sim, foi esse o dizquediz
E me dilacerei de ditaduras duras
Encobrindo de neblina todas as sulamericanas vielas
E marchei negando Vietnãs e vestindo minissaias para libertar mulheres
Encarceradas em velhas máscaras de donzelaaasss
Ai meu lundu, minha umbigada
Entre carros e avenidas me aventurei em seus passos
Minhas pernas flamencam em trens e vácuos becos
E sumi no tempo e voei no vento
E o dizquedizquedizrumores se instalou no mundo
E macularam meu nome de xingamento
De bagunça, de adjetivo violento
Morreu louca
Acabou rua abaixo entre putas e disputas
Casou
Desmaiou
Teve filhos
Se suicidou
Se encantou
Virou lenda
Evaporou
Virou santa
Canonizada
Maculada
Banida
Nem existiu
Deixou parente
Virou crente
Se afogou
Até morrer dançou e dançou e dançouuuuuuuu
Dizquedizquedizquedizquedizquediz
Que o vento alastrou
Onde está ela?
Sua beleza onde?
Onde Baderna reverbera a sua beleza no nome que te eternizou
E que hoje, enviesado, te macula?
Te chamo Baderna, te clamo Baderna, eterna baderneira tua BAADEERRRRNAAAAAAAAA!!!!!
Dizquedizquedizquediz
O que dizem não diz o que fiz

Quem fui, o que foi
Pra onde rumei
Não é o que se diz

DÉCIMA E ÚLTIMA PAISAGEM: DANÇA HINO NACIONAL

Dança o hino nacional, que vai sendo mixado com vários tipos de música dos povos que aportaram no Brasil. Dança do Brasil.

FIM

Ficha técnica

CONCEPÇÃO GERAL E ROTEIRO Luaa Gabanini
DIREÇÃO Roberta Estrela D'Alva
ATRIZ-DANÇARINA Luaa Gabanini
DIREÇÃO DE ARTE Bianca Turner
POEMAS DE AÇÃO DRAMÁTICA Claudia Schapira e Luaa Gabanini
DIREÇÃO MUSICAL Eugênio Lima
ASSISTENTES DE DIREÇÃO Juliana Tedeschi e Paulo Vinicius
PERCUSSÃO Alan Gonçalves e Daniel Laino
FIGURINO Claudia Schapira
DESENHO DE LUZ Carol Autran
MAQUIAGEM Maria Fernanda Torrezani
TÉCNICO DE SOM Dr. Aeiulton
TREINAMENTO DE *SPOKEN WORD* Roberta Estrela D'Alva
CONSULTORIA DE BALÉ CLÁSSICO Luis Arrieta e Gisele Bellot
CONSULTORIA DE DANÇA DE RUA Flip Couto
CONSULTORIA DE DANÇAS POPULARES Cristiano Meirelles
COMUNICAÇÃO Maite Freitas
PRODUÇÃO EXECUTIVA NBD, Luaa Gabanini e Amilton de Azevedo
DIREÇÃO DE PRODUÇÃO E ADMINISTRAÇÃO Mariza Dantas

Agradecimentos

Às minhas famílias: a de sangue do útero: minha mãe, Marli, meu pai, Francisco, meu irmão Marcos, e todas(os) com quem festejei na minha infância; e a de sangue criativo: Claudia Schapira, Eugênio Lima, Roberta Estrela D'Alva e Mariza Dantas (Núcleo Bartolomeu de Depoimentos, companhia de permanência da minha existência criativa).

A editora n-1 por me acolher e realizar esse livro.

A Cibele Forjaz sempre companheira na arte e na vida.

Ao meu amor Sergio Siviero parceiro no fluxo de todos os dias.

A todos os corações baderneiros que se apresentaram durante todo este processo.

E à natureza dos acontecimentos que me trouxeram até aqui.

Dados Internacionais de Catalogação na Publicação (CIP) de acordo com ISBD

G112c   Gabanini, Luaa

         Corpo-gerúndio: escritos de uma atriz-MC em uma poética do prejuízo / Luaa Gabanini. – São Paulo : n-1 edições, 2024.
         188 p. : il. ; 12cm x 17cm.

         ISBN: 978-65-6119-019-0

         1. Dança. I. Título.

2024-2024   CDD 792.62
                                                                                                       CDU 793

Elaborado por Odilio Hilario Moreira Junior – CRB-8/9949

                 Índice para catálogo sistemático:
                     1. Dança 792.62
                     2. Dança 793

n-1

O livro como imagem do mundo é de toda maneira uma ideia insípida. Na verdade não basta dizer Viva o múltiplo, grito de resto difícil de emitir. Nenhuma habilidade tipográfica, lexical ou mesmo sintática será suficiente para fazê-lo ouvir. É preciso fazer o múltiplo, não acrescentando sempre uma dimensão superior, mas, ao contrário, da maneira mais simples, com força de sobriedade, no nível das dimensões de que se dispõe, sempre n-1 (é somente assim que o uno faz parte do múltiplo, estando sempre subtraído dele). Subtrair o único da multiplicidade a ser constituída; escrever a n-1.

Gilles Deleuze e Félix Guattari

n-1edicoes.org

v. 13de5b7